Impressum
Verlag: BABADADA GmbH, Nedderfeld 112 , 22529 Hamburg
Geschäftsführer / Verlagsleitung: Harald Hof
Druck: Books on Demand GmbH, In de Tarpen 42, 22848 Norderstedt

Imprint
Publisher: BABADADA GmbH, Nedderfeld 112 , 22529 Hamburg, Germany
Managing Director / Publishing direction: Harald Hof
Print: Books on Demand GmbH, In de Tarpen 42, 22848 Norderstedt, Germany

kool
skola

klassiruum
klases telpa
jagama
dalīt
186/2
koolihoov
skolas pagalms
tahvel
tāfele
õpetaja
skolotājs
paber
papīrs
kirjutama
rakstīt
pastapliiats
pildspalva
kirjutuslaud
rakstāmgalds
joonlaud
lineāls
raamat
grāmata
õpilane
skolēns

koolikott
....
skolas soma

pinal
....
penālis

harilik pliiats
....
zīmulis

pliiatsiteritaja
....
zīmuļu asināmais

kustukumm
....
dzēšgumija

joonistusplokk
....
zīmēšanas bloks

joonistus
zīmējums

pintsel
ota

värvikarp
krāsas

käärid
šķēres

liim
līme

töövihik
darba burtnīca

hhhhh wwwww
ooooo ooooo
mmmmm rrrrr
eeeee

kodutöö
mājas darbs

12

number
skaitlis

2+2

liitma
saskaitīt

5-2

lahutama
atņemt

2×2

korrutama
reizināt

42

arvutama
rēķināt

A

täht
burts

ABCDEFG
HIJKLMN
OPQRSTU
VWXYZ

tähestik
alfabēts

hello

sõna
vārds

tekst

teksts

lugema

lasīt

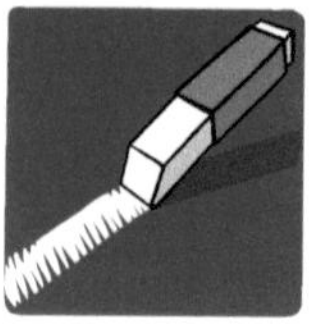

kriit

krīts

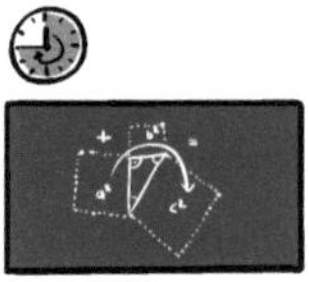

koolitund

mācību stunda

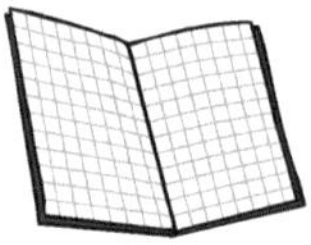

klassipäevik

žurnāls

eksam

eksāmens

tunnistus

liecība

koolivorm

skolas forma

haridus

izglītība

entsüklopeedia

enciklopēdija

ülikool

universitāte

mikroskoop

mikroskops

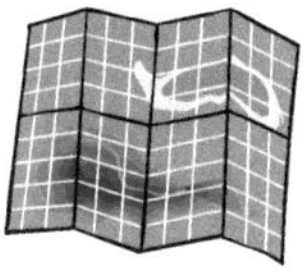

kaart

karte

paberikorv

papīrgrozs

reisimine
ceļojums

hotell
viesnīca
Grand
hostel
hostelis
ROOMS
valuutavahetuspunkt
valūtas maiņas punkts
kohver
čemodāns
auto
automašīna

keel

Valoda

jah / ei

jā / nē

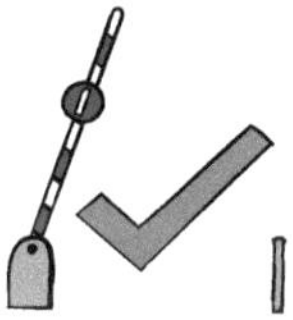

okei

Okay

Tere!

Sveiki!

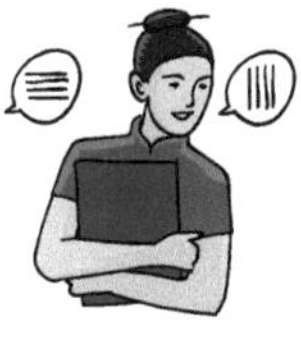

tõlk

tulks

Aitäh!

paldies

Kui palju maksab ...?

Cik maksā...?

Ma ei saa aru

Es nesaprotu

probleem

problēma

Tere õhtust!

Labvakar!

Tere hommikust!

Labrīt!

Head ööd!

Ar labu nakti!

Head aega!

Uz redzēšanos

suund

virziens

pagas

bagāža

kott

soma

seljakott

mugursoma

külaline

viesis

tuba

istaba

magamiskott

guļammaiss

telk

telts

turismiinfo

tūrisma informācija

rand

pludmale

BANK XY
1234 5678 9012 3456

krediitkaart

kredītkarte

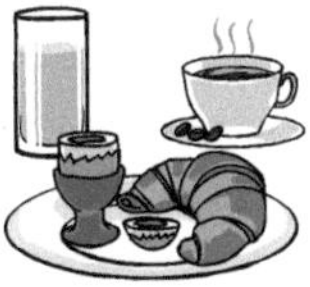

hommikusöök

brokastis

lõunasöök

pusdienas

õhtusöök

vakariņas

pilet

biļete

lift

lifts

70

postmark

pastmarka

riigipiir

robeža

toll

muita

saatkond

vēstniecība

viisa

vīza

PASSPORT

pass

pase

transport
transports

lennuk
lidmašīna
laev
kuģis
tuletõrjeauto
ugunsdzēsēju mašīna
buss
autobuss
veoauto
kravas automašīna
mootorpaat
motorlaiva
jalgratas
velosipēds
auto
automašīna

praam
prāmis

paat
laiva

mootorratas
motocikls

politseiauto
policijas automašīna

võidusõiduauto
sacīkšu automobilis

rendiauto
nomas auto

ühisauto

auto koplietošana

puksiirauto

evakuators

prügiauto

atkritumu mašīna

mootor

dzinējs

kütus

benzīns

tankla

degvielas uzpildes stacija

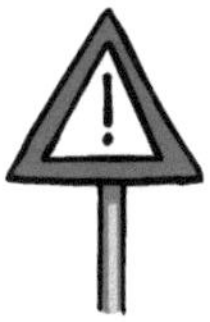

liiklusmärk

ceļa zīme

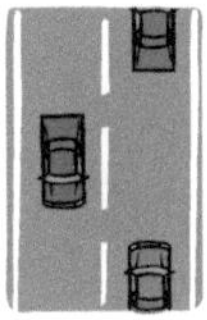

liiklus

satiksme

liiklusummik

sastrēgums

parkla

stāvvieta

raudteejaam

dzelzceļa stacija

rööpad

sliedes

rong

vilciens

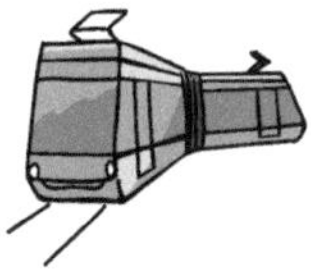

tramm

tramvajs

vagun

vagons

helikopter

helikopters

lennujaam

lidosta

torn

tornis

reisija

pasažieris

konteiner

konteiners

pappkast

kaste

käru

ratiņi

korv

grozs

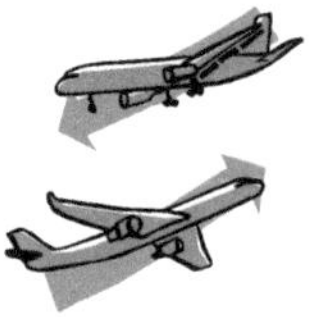

õhku tõusma / maanduma

pacelties / nosēsties

linn

pilsēta

küla

ciems

kesklinn

pilsētas centrs

maja

māja

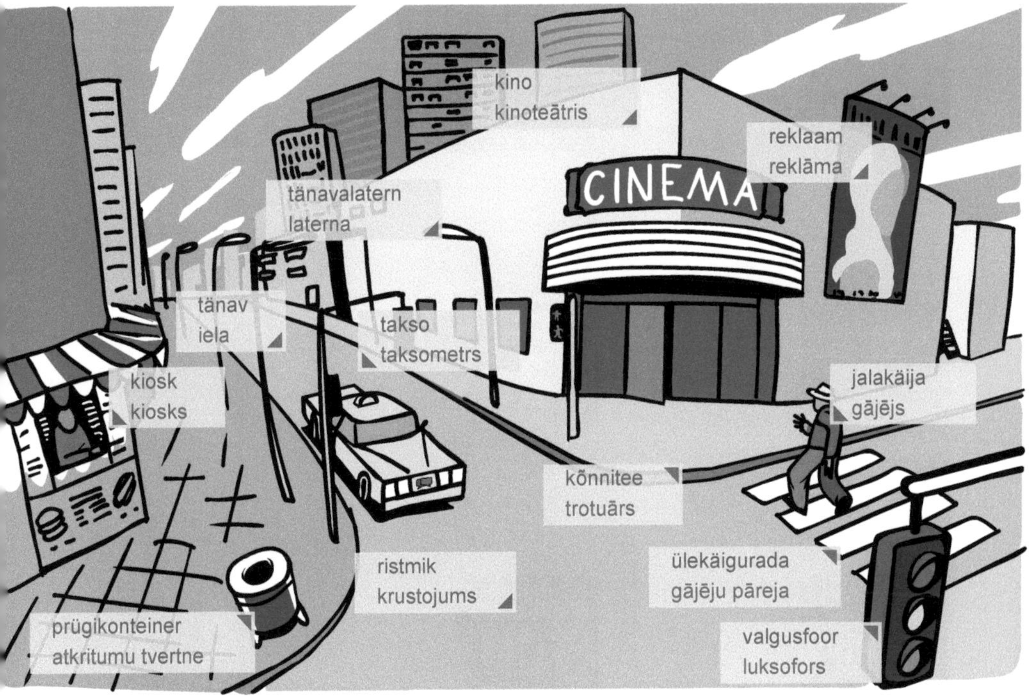
kino
kinoteātris
reklaam
reklāma
CINEMA
tänavalatern
laterna
tänav
iela
takso
taksometrs
kiosk
kiosks
jalakäija
gājējs
kõnnitee
trotuārs
ristmik
krustojums
ülekäigurada
gājēju pāreja
prügikonteiner
atkritumu tvertne
valgusfoor
luksofors

osmik
būda

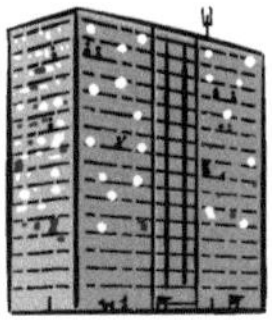
kortermaja
dzīvoklis

raudteejaam
dzelzceļa stacija

raekoda
rātsnams

MUSEUM
muuseum
muzejs

kool
skola

ülikool

universitāte

BANK

pank

banka

haigla

slimnīca

hotell

viesnīca

GOOD FOR HEALTH

apteek

aptieka

kontor

birojs

BOOKS
B

raamatupood

grāmatnīca

kauplus

veikals

FLOWERS

lillepood

ziedu veikals

supermarket

lielveikals

turg

tirgus

kaubamaja

tirdzniecības centrs

FISH

kalapood

zivju tirgotājs

kaubanduskeskus

tirdzniecības centrs

sadam

osta

park

parks

pink

sols

sild

tilts

trepp

kāpnes

metroo

metro

tunnel

tunelis

bussipeatus

autobusa pieturvieta

baar

bārs

CHEZ GERALD

restoran

restorāns

postkast

pastkastīte

tänavasilt

ielas nosaukuma plāksne

parkimisautomaat

stāvlaika skaitītājs

ZOO

loomaaed

zooloģiskais dārzs

ujula

peldbaseins

mošee

mošeja

talu

zemnieku saimniecība

reostus

vides piesārņojums

surnuaed

kapsēta

kirik

baznīca

mänguväljak

spēļu laukums

tempel

templis

maastik

ainava

leht
lapa
teeviit
ceļrādis
tee
ceļš
aas
pļava
kivi
akmens
matkaja
ceļotājs
puu
koks
jõgi
upe
rohi
zāle
lill
puķe

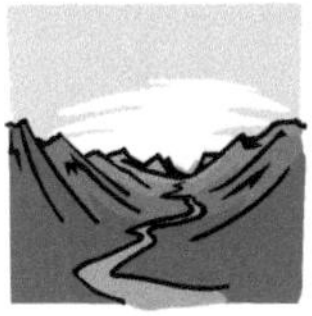

org

ieleja

mägi

kalns

järv

ezers

mets

mežs

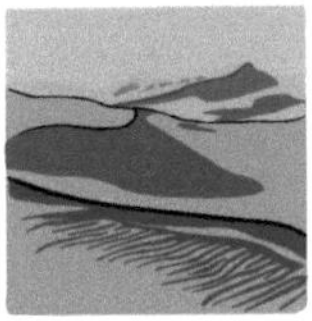

kõrb

tuksnesis

vulkaan

vulkāns

linnus

pils

vikerkaar

varavīksne

seen

sēne

palm

palma

sääsk

moskīts

kärbes

muša

sipelgas

skudra

mesilane

bite

ämblik

zirneklis

mardikas

vabole

konn

varde

orav

vāvere

siil

ezis

jänes

zaķis

öökull

pūce

lind

putns

luik

gulbis

metssiga

meža cūka

hirv

briedis

põder

alnis

pais

aizsprosts

tuuleturbiin

vēja ģenerators

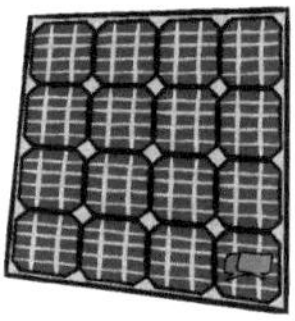

päikesepaneel

saules baterija

kliima

klimats

restoran
restorāns

kelner
viesmīlis
menüü
ēdienkarte
tool
krēsls
supp
zupa
pitsa
pica
laudlina
galdauts
söögiriistad
galda piederumi

eelroog
uzkoda

pearoog
pamatēdiens

magustoit
deserts

joogid
dzērieni

toit
ēdiens

pudel
pudele

kiirtoit

ātrās uzkodas

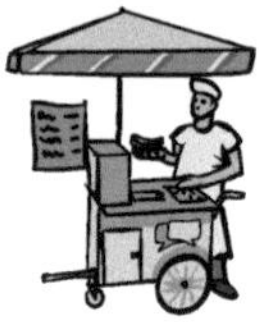

tänavatoit

ielu uzkodas

teekann

tējkanna

suhkrutoos

cukurtrauks

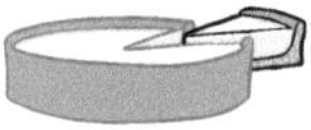

portsjon

porcija

espressomasin

espresso kafijas automāts

lastetool

bāra krēsls

arve

rēķins

kandik

paplāte

nuga

nazis

kahvel

dakša

lusikas

karote

teelusikas

tējkarote

salvrätik

salvete

klaas

glāze

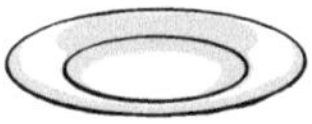

taldrik

šķīvis

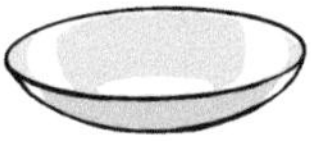

supitaldrik

zupas šķīvis

alustass

apakštase

kaste

mērce

soolatoos

sāls trauciņš

pipraveski

piparu dzirnaviņas

äädikas

etiķis

õli

eļļa

vürtsid

garšvielas

ketšup

kečups

sinep

sinepes

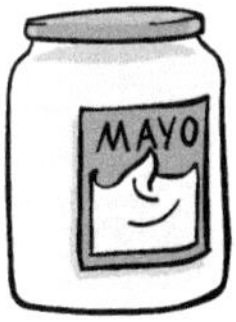
MAYO

majonees

majonēze

supermarket
lielveikals

eripakkumine
piedāvājums
FOR
klient
klients
piimatooted
piena produkti
puuviljad
augļi
ostukäru
iepirkumu ratiņi

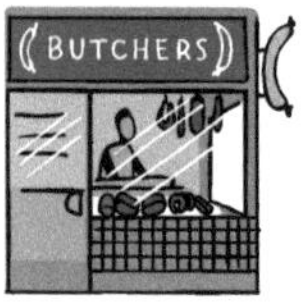
BUTCHERS

lihapood

kautuve

BAKERY

pagariäri

maizes veikals

kaaluma

svērt

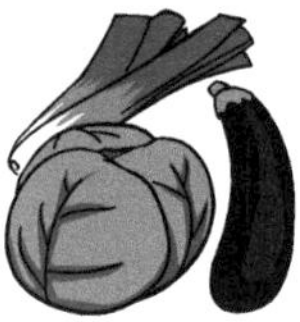

köögiviljad

dārzeņi

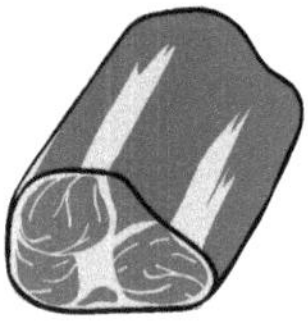

liha

gaļa

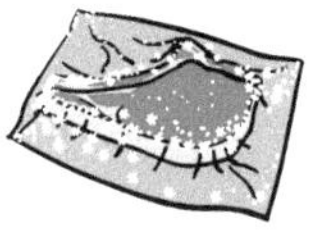

külmutatud toit

saldēti produkti

lihalõigud

aukstās gaļas uzkodas

konservid

konservi

clean

pesupulber

pulveris

BON BON

maiustused

saldumi

majatarbed

mājsaimniecības preces

puhastustooted

tīrīšanas līdzeklis

müüja

pārdevēja

kassaaparaat

kase

kassapidaja

kasieris

ostunimekiri

iepirkumu saraksts

OPEN

lahtiolekuajad

darba laiks

rahakott

maks

BANK XY
1234 5678 9012 3456

krediitkaart

kredītkarte

kott

soma

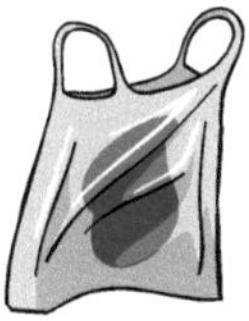

kilekott

maisiņš

joogid
dzērieni

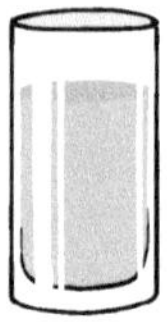

vesi

ūdens

mahl

sula

piim

piens

koola

kola

vein

vīns

õlu

alus

alkohol

alkohols

CACAO

kakao

kakao

tee

tēja

kohv

kafija

espresso

espresso

cappuccino

kapučīno

toit
ēdiens

banaan

banāns

õun

ābols

apelsin

apelsīns

arbuus

melone

sidrun

citrons

porgand

burkāns

küüslauk

ķiploks

bambus

bambuss

sibul

sīpols

seen

sēne

pähklid

rieksti

nuudlid

makaroni

spagetid

spageti

riis

rīsi

salat

salāti

friikartulid

frī kartupeļi

praekartulid

cepti kartupeļi

pitsa

pica

hamburger

hamburgers

võileib

sviestmaize

šnitsel

šnicele

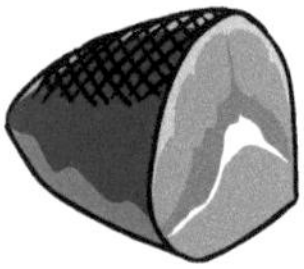

sink

šķiņķis

salaami

salami

vorst

desa

kana

vista

praeliha

cepetis

kala

zivs

OATS

kaerahelbed

auzu pārslas

MUESLI

müsli

muslis

maisihelbed

brokastu pārslas

405

jahu

milti

sarvesai

radziņš

kukkel

brokastu maizītes

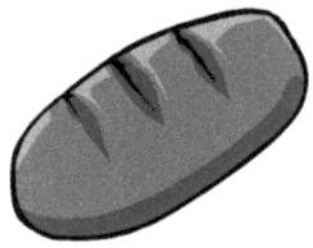

leib

maize

röstsai

tostermaize

küpsised

cepumi

või

sviests

kohupiim

biezpiens

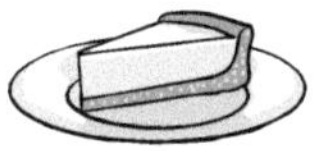

kook

kūka

muna

ola

praemuna

cepta ola

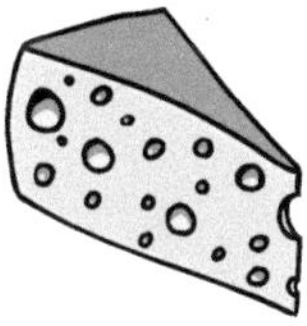

juust

siers

jäätis

saldējums

suhkur

cukurs

mesi

medus

moos

marmelāde

pähklivõie

riekstu krēms

karri

karijs

talu

zemnieku saimniecība

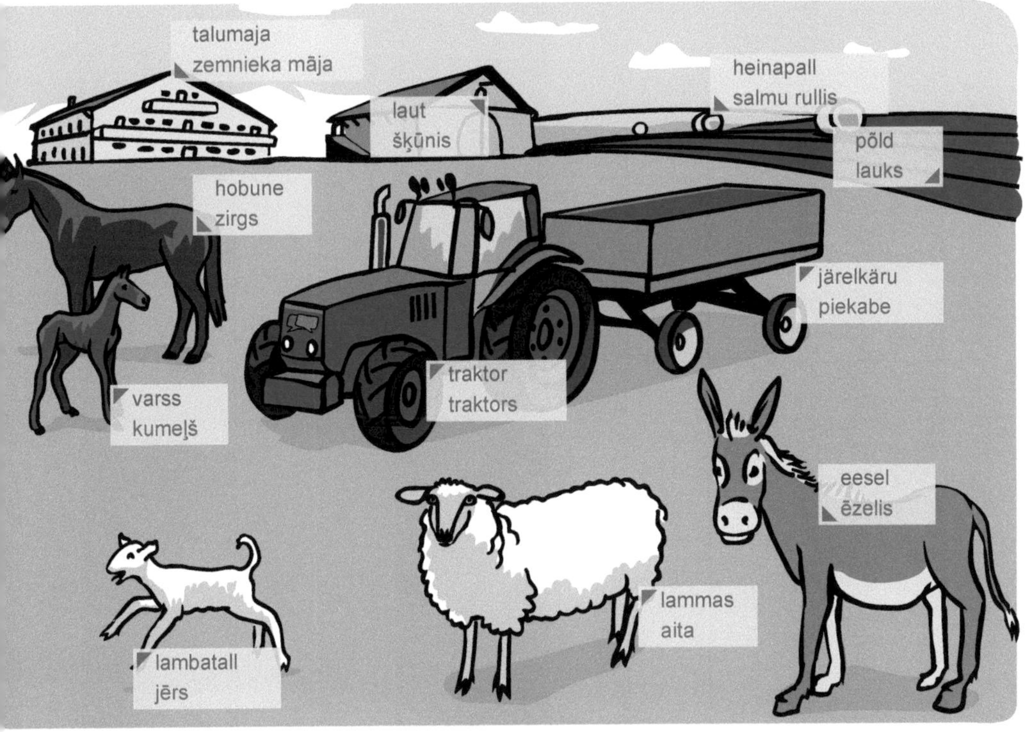

talumaja
zemnieka māja
laut
šķūnis
heinapall
salmu rullis
põld
lauks
hobune
zirgs
järelkäru
piekabe
traktor
traktors
varss
kumeļš
eesel
ēzelis
lammas
aita
lambatall
jērs

kits

kaza

lehm

govs

vasikas

teļš

siga

cūka

põrsas

sivēns

pull

bullis

hani

zoss

part

pīle

tibu

cālis

kana

vista

kukk

gailis

rott

žurka

kass

kaķis

hiir

pele

härg

vērsis

koer

suns

koerakuut

suņa būda

aiavoolik

dārza šļūtene

kastekann

lejkanna

vikat

izkapts

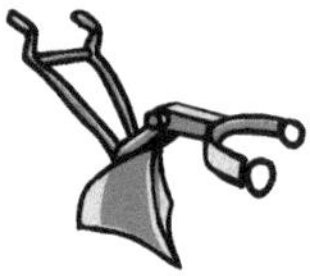

ader

arkls

sirp

sirpis

kõblas

kaplis

hang

mēslu dakša

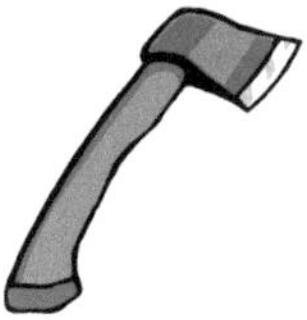

kirves

cirvis

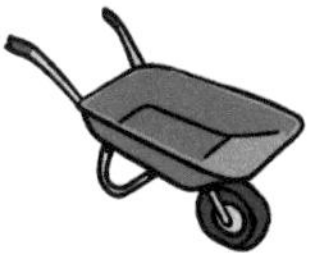

käru

ķerra

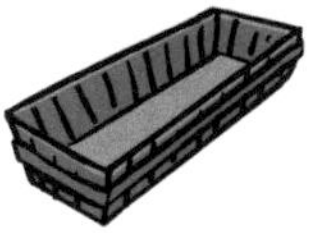

küna

sile

piimanõu

piena kanna

kott

maiss

tara

žogs

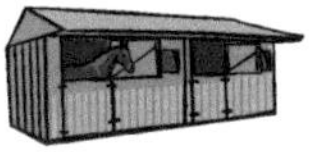

tall

kūts

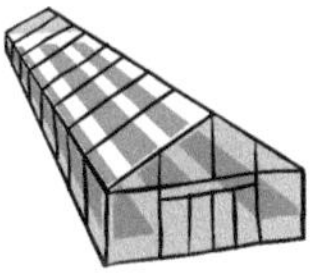

kasvuhoone

siltumnīca

muld

augsne

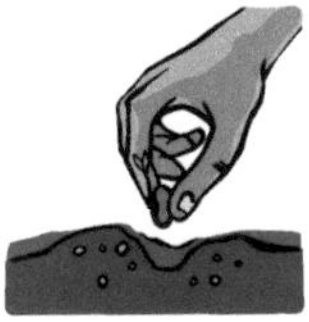

seeme

sēklas

väetis

mēslojums

kombain

kombains

saaki koristama

novākt ražu

saagikoristus

raža

jamss

jamss

nisu

kvieši

soja

soja

kartul

kartupelis

mais

kukurūza

raps

rapsis

viljapuu

augļu koks

maniokk

manioka

teravili

labība

maja
māja

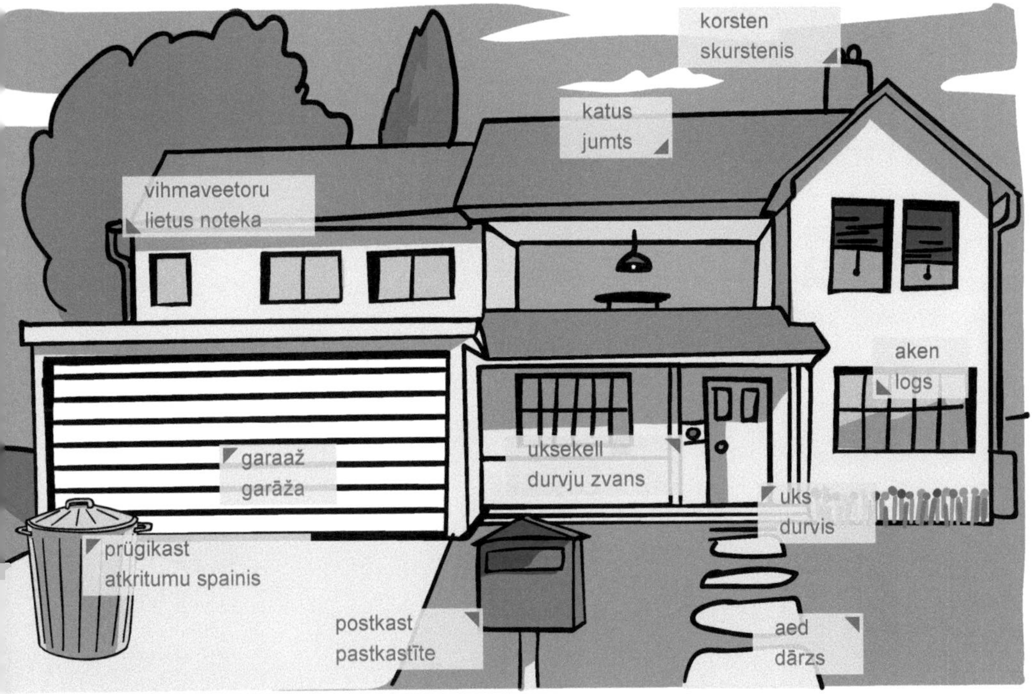
korsten
skurstenis
katus
jumts
vihmaveetoru
lietus noteka
aken
logs
garaaž
garāža
uksekell
durvju zvans
uks
durvis
prügikast
atkritumu spainis
postkast
pastkastīte
aed
dārzs

elutuba

viesistaba

vannituba

vannas istaba

köök

virtuve

magamistuba

guļamistaba

lastetuba

bērnu istaba

söögituba

ēdamistaba

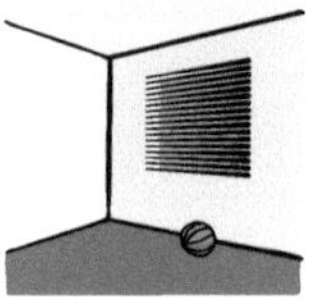

põrand

grīda

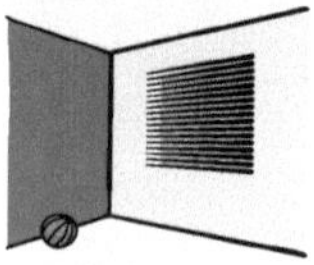

sein

siena

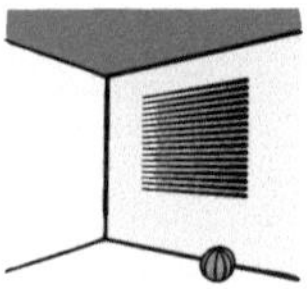

lagi

griesti

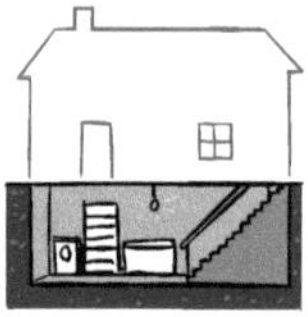

kelder

pagrabs

saun

sauna

rõdu

balkons

terrass

terase

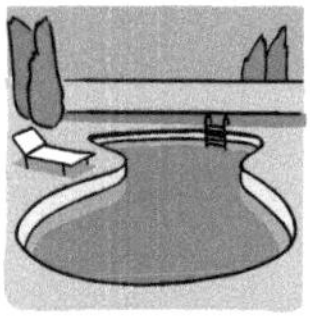

bassein

baseins

muruniiduk

zāles pļāvējs

voodilina

gultas veļa

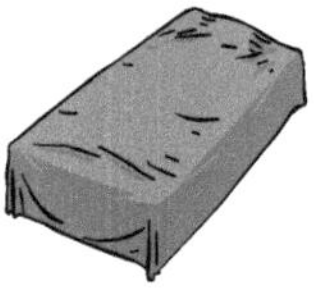

päevatekk

sega

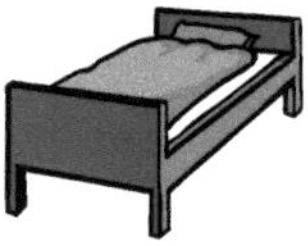

voodi

gulta

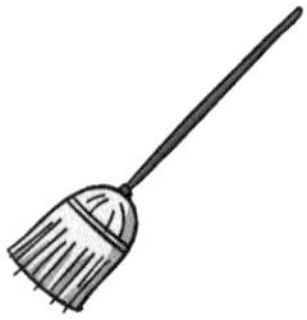

luud

slota

ämber

spainis

lüliti

slēdzis

elutuba
viesistaba

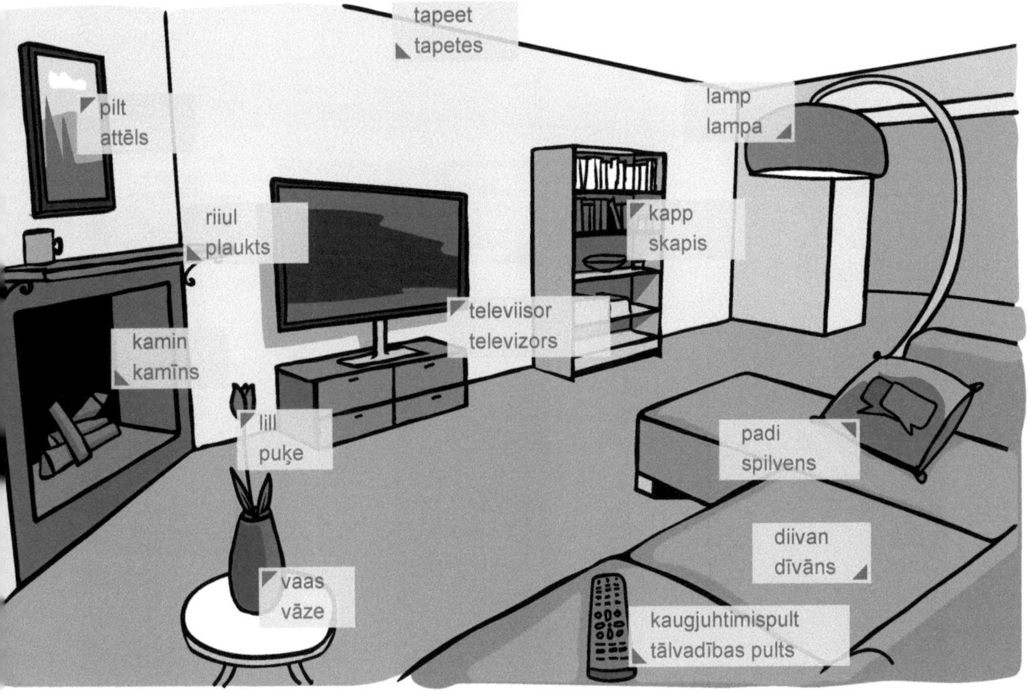
tapeet
tapetes
pilt
attēls
lamp
lampa
riiul
plaukts
kapp
skapis
televiisor
televizors
kamin
kamīns
lill
puķe
padi
spilvens
diivan
dīvāns
vaas
vāze
kaugjuhtimispult
tālvadības pults

vaip
paklājs

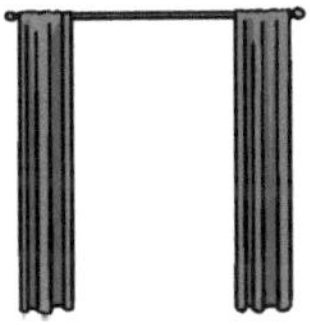

kardin
aizkars

laud
galds

tool
krēsls

kiiktool
šūpuļkrēsls

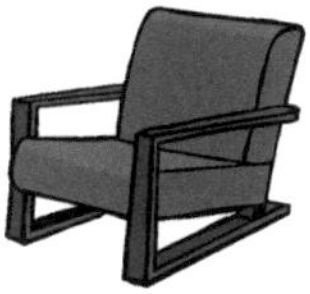

tugitool
atpūtas krēsls

raamat

grāmata

tekk

sega

kaunistus

dekorācija

küttepuud

malka

film

filma

helisüsteem

mūzikas centrs

võti

atslēga

ajaleht

avīze

maal

glezna

plakat

plakāts

raadio

radio

märkmik

pierakstu blociņš

tolmuimeja

putekļu sūcējs

kaktus

kaktuss

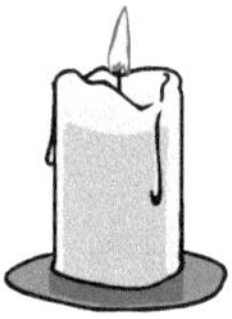

küünal

svece

köök
virtuve

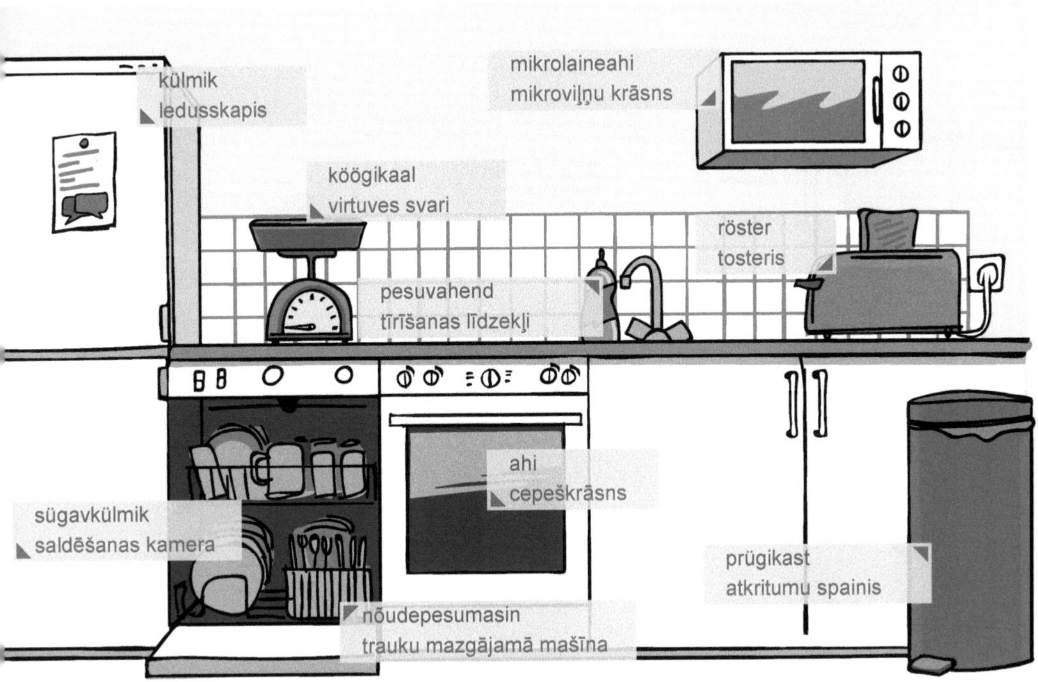

külmik
ledusskapis
mikrolaineahi
mikroviļņu krāsns
köögikaal
virtuves svari
röster
tosteris
pesuvahend
tīrīšanas līdzekļi
ahi
cepeškrāsns
sügavkülmik
saldēšanas kamera
prügikast
atkritumu spainis
nõudepesumasin
trauku mazgājamā mašīna

pliit

plīts

pott

pods

malmpott

katls

vokkpann

Wok panna

pann

panna

veekeetja

elektriskā tējkanna

aurutaja

tvaika katls

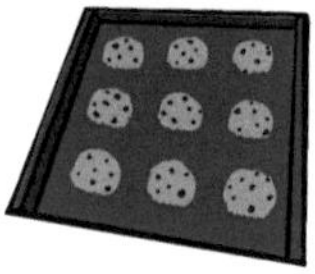

küpsetusplaat

cepešpanna

lauanõud

trauki

kruus

krūze

kauss

bļoda

söögipulgad

irbulīši

kulp

kauss

pannilabidas

lāpstiņa

vispel

putošanas slotiņa

kurn

sietiņš

sõel

siets

riiv

rīve

uhmer

piesta

grill

grilēt

lahtine tuli

atklāts pavards

lõikelaud

dēlis

tainarull

mīklas rullis

korgitser

korķu viļķis

konservipurk

bundža

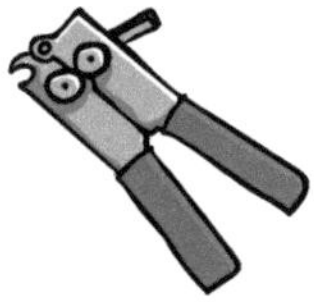

konserviavaja

konservu nazis

pajakinnas

virtuves cimdi

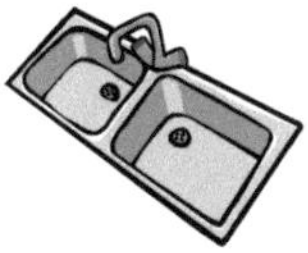

kraanikauss

izlietne

hari

birste

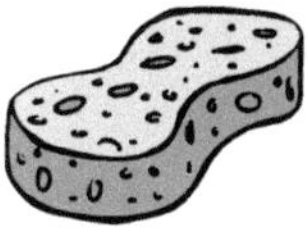

pesukäsn

sūklis

kannmikser

mikseris

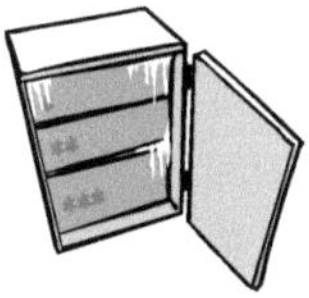

sügavkülmuti

saldētava

lutipudel

bērna pudelīte

segisti

ūdenskrāns

vannituba
vannas istaba

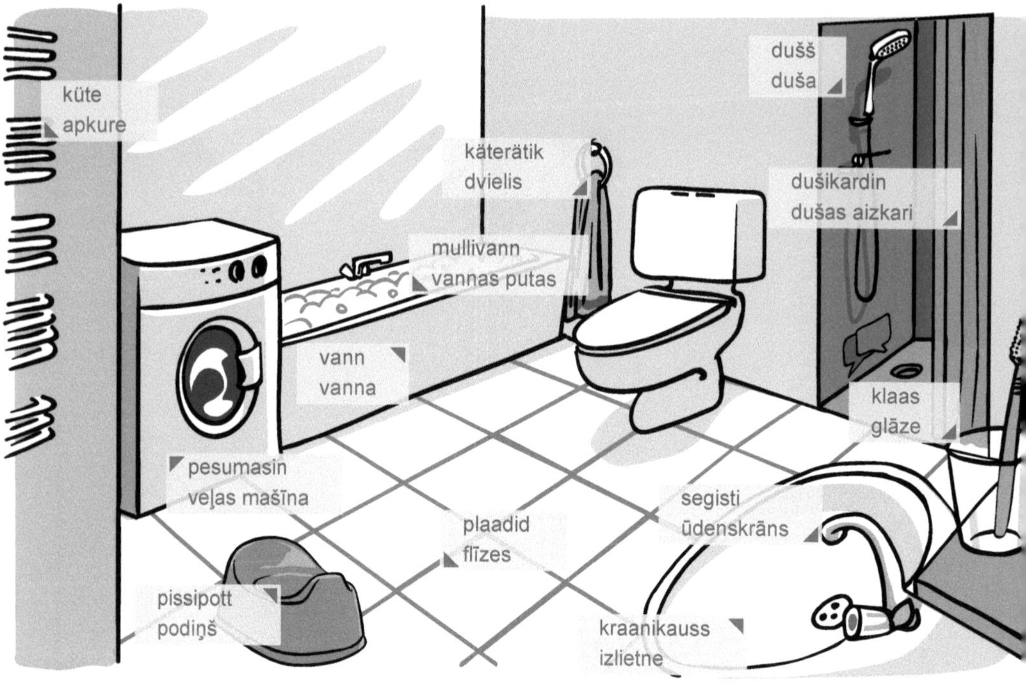
küte
apkure
käterätik
dvielis
dušš
duša
dušikardin
dušas aizkari
mullivann
vannas putas
vann
vanna
klaas
glāze
pesumasin
veļas mašīna
segisti
ūdenskrāns
plaadid
flīzes
pissipott
podiņš
kraanikauss
izlietne

WC-pott
tualetes pods

kükitamistualett
Āzijas tipa tualete

bidee
bidē

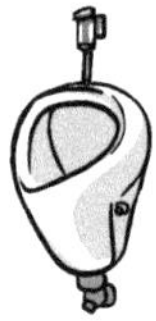
pissuaar
pisuārs

tualettpaber
tualetes papīs

WC-hari
tualetes birste

hambahari

zobu birste

hambapasta

zobu pasta

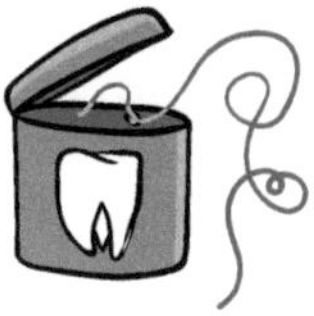

hambaniit

zobu diegs

pesema

mazgāt

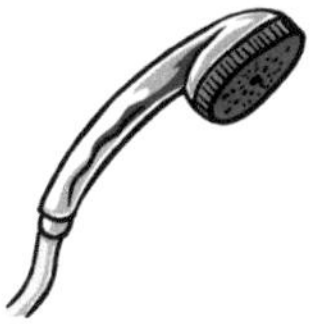

käsidušš

rokas duša

intiimdušš

duša

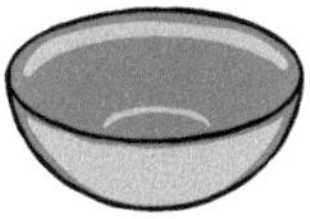

pesukauss

bļoda

seljahari

muguras mazgāšanas birste

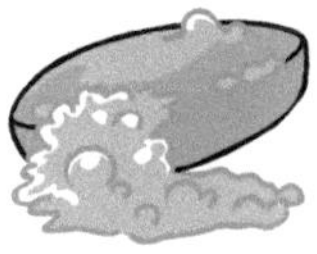

seep

ziepes

dušigeel

dušas želeja

šampoon

šampūns

vamm

mazgāšanas drāna

äravool

noteka

kreem

krēms

deodorant

dezodorants

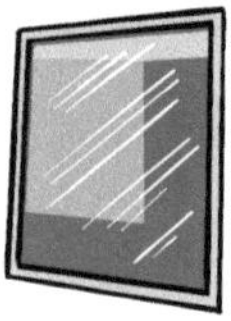

peegel

spogulis

käsipeegel

spogulītis

habemenuga

skuveklis

raseerimisvaht

skūšanās putas

habemevesi

losjons pēc skūšanās

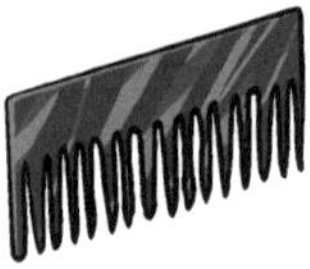

kamm

ķemme

hari

matu suka

föön

matu fēns

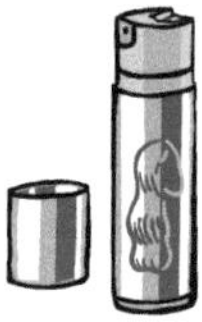

juukselakk

matu laka

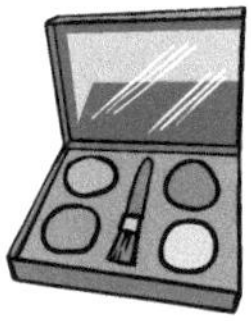

meigikomplekt

grima komplekts

huulepulk

lūpu krāsa

küünelakk

nagulaka

vatt

vate

küünekäärid

šķērītes

parfüüm

smaržas

tualett-tarvete kott
....
kosmētikas maks

taburet
....
ķeblītis

kaal
....
svari

hommikumantel
....
halāts

kummikindad
....
tīrīšanas cimdi

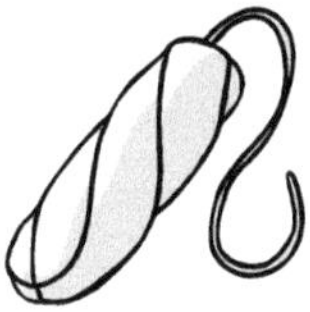

tampoon
....
tampons

hügieeniside
....
pakete

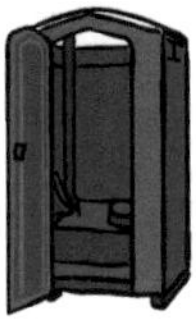

keemiline tualett
....
ķīmiskā tualete

lastetuba
bērnu istaba

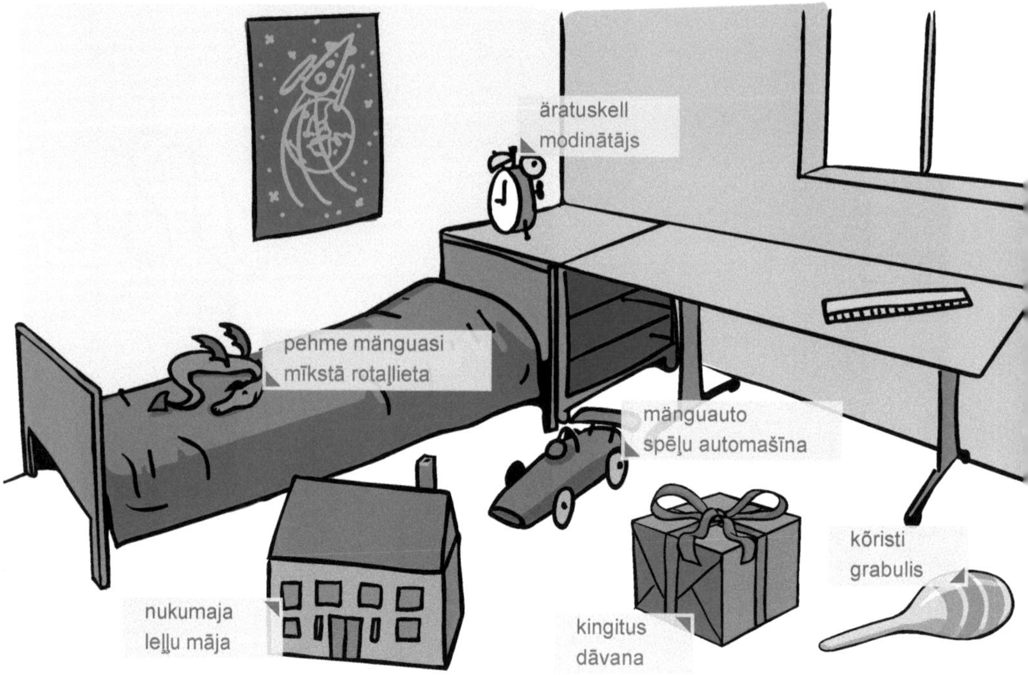

äratuskell
modinātājs
pehme mänguasi
mīkstā rotaļlieta
mänguauto
spēļu automašīna
kõristi
grabulis
nukumaja
leļļu māja
kingitus
dāvana

õhupall

balons

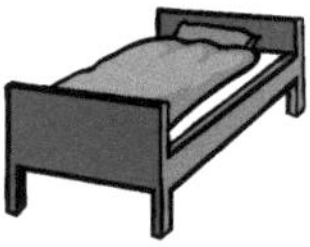

voodi

gulta

lapsevanker

bērnu ratiņi

kaardipakk

kārtis

pusle

puzle

SUPER
MEGA

koomiks

komikss

Lego klotsid

LEGO klucīši

klotsid

klucīši

kujuke

varoņu figūra

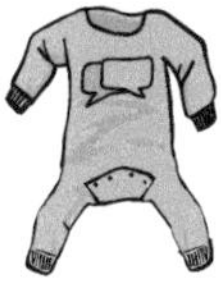

siputuspüksid

rāpulītis

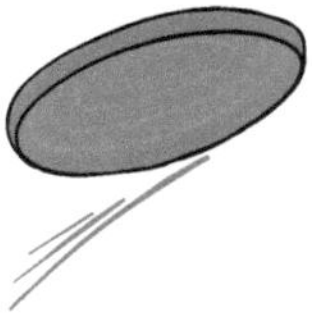

lendav taldrik

lidojošais šķīvītis

voodikarussell

muzikālais karuselis

lauamäng

galda spēle

täringud

metamais kauliņš

mudelrong

rotaļu dzelzceļš

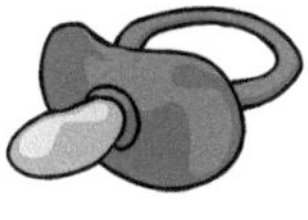

lutt

māneklis

pidu

ballīte

pildiraamat

bilžu grāmata

pall

bumba

nukk

lelle

mängima

spēlēt

liivakast

smilšu kaste

kiik

šūpoles

mänguasjad

rotaļlietas

mängukonsool

spēļu konsole

kolmerattaline jalgratas

trīsritenis

mängukaru

plīša lācītis

riidekapp

drēbju skapis

riietus
apģērbs

sokid

īszeķes

sukad

zeķes

sukkpüksid

zeķbikses

sall
šalle

vihmavari
lietussargs

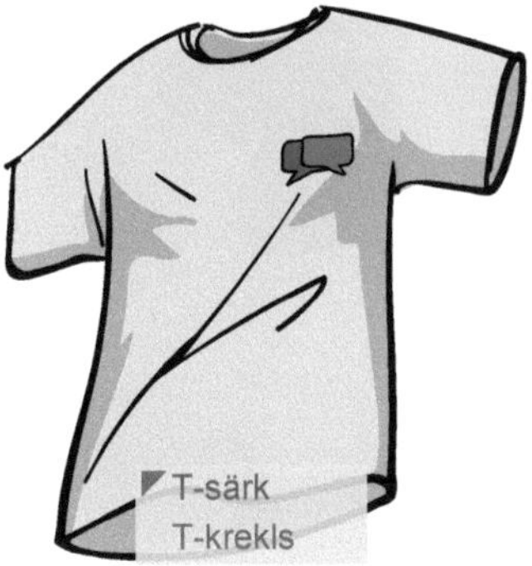
T-särk
T-krekls

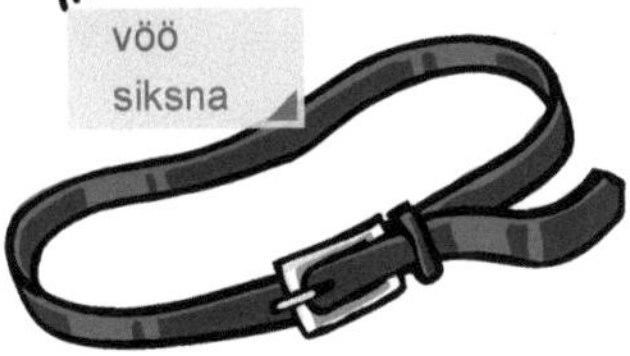
vöö
siksna

saapad
zābaks

tossud
botas

sussid
čības

sandaalid

sandales

jalatsid

kurpes

kummikud

gumijas zābaki

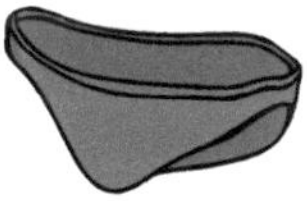

aluspüksid

apakšbikses

rinnahoidja

krūšturis

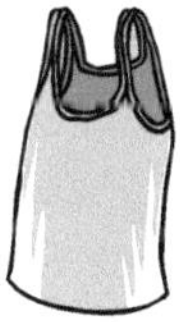

vest

apakškrekls

bodi

bodijs

püksid

bikses

teksapüksid

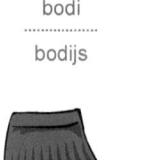

džinsi

seelik

svārki

pluus

blūze

särk

krekls

sviiter

pulovers

dressipluus

džemperis

bleiser

žakete

jakk

jaka

mantel

mētelis

vihmamantel

lietus mētelis

kostüüm

kostīms

kleit

kleita

pulmakleit

kāzu kleita

ülikond

uzvalks

öösärk

naktskrekls

pidžaama

pidžama

sari

sari

pearätt

lakats

turban

turbāns

burka

burka

kaftan

kaftāns

abayah

abaja

ujumistrikoo

peldkostīms

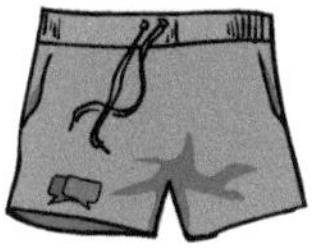

ujumispüksid

peldbikses

lühikesed püksid

šorti

dressid

treniņtērps

põll

priekšauts

kindad

cimdi

nööp

poga

prillid

brilles

käevõru

rokassprādze

kaelakee

kaklarota

sõrmus

gredzens

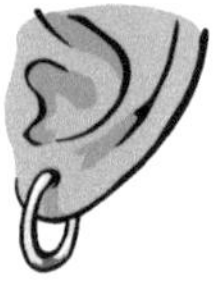

kõrvarõngas

auskars

nokamüts

cepure

riidepuu

drēbju pakaramais

kaabu

platmale

lips

kaklasaite

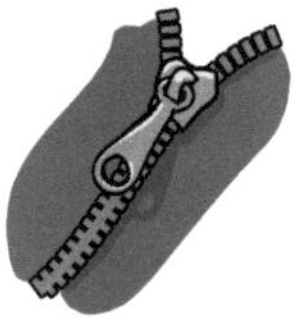

tõmblukk

rāvējslēdzējs

kiiver

ķivere

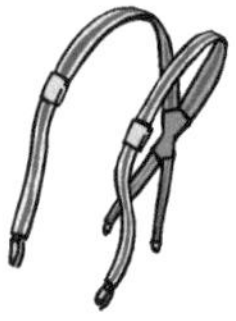

traksid

bikšturi

koolivorm

skolas forma

vormirõivad

uniforma

pudipõll

priekšautiņš

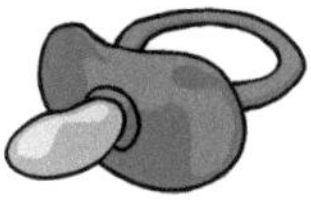

lutt

māneklis

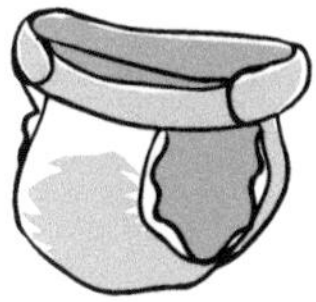

mähe

autiņbiksītes

kontor
birojs

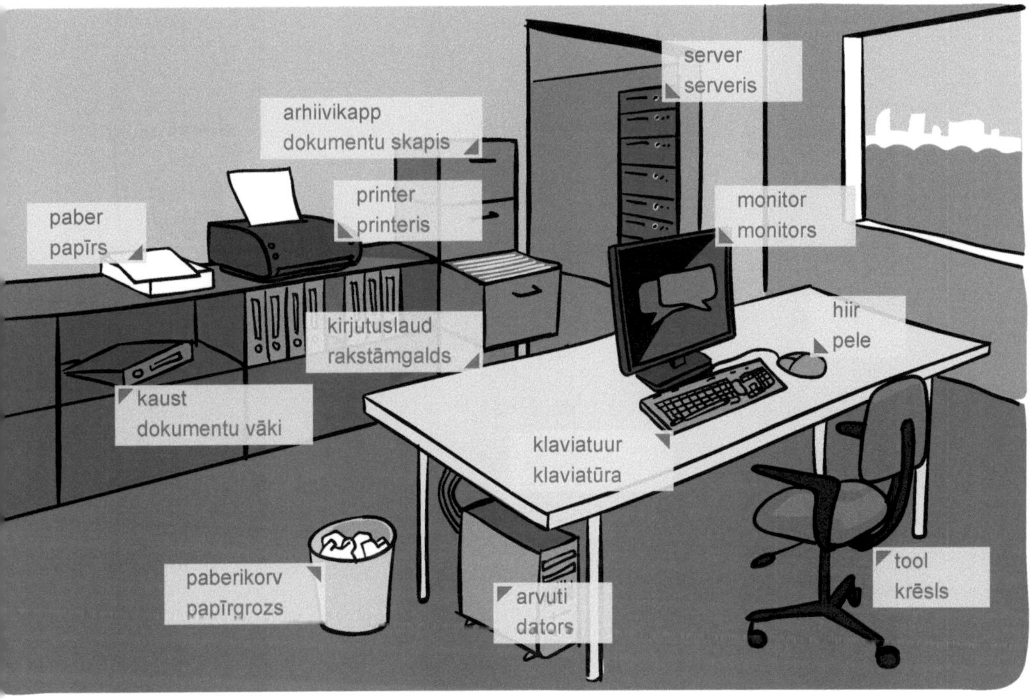
server
serveris
arhiivikapp
dokumentu skapis
paber
papīrs
printer
printeris
monitor
monitors
hiir
pele
kirjutuslaud
rakstāmgalds
kaust
dokumentu vāki
klaviatuur
klaviatūra
paberikorv
papīrgrozs
arvuti
dators
tool
krēsls

kohvikruus

kafijas krūze

kalkulaator

kalkulators

internet

internets

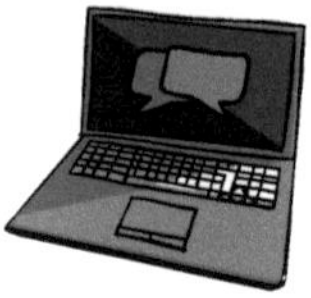

sülearvuti

portatīvais dators

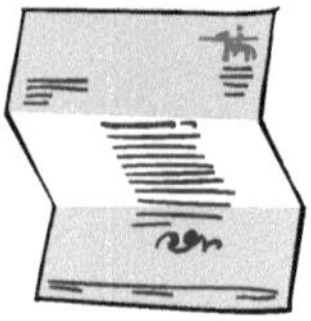

kiri

vēstule

1

sõnum

ziņa

mobiiltelefon

mobilais tālrunis

võrk

tīkls

koopiamasin

kopētājs

tarkvara

programmatūra

telefon

telefons

pistikupesa

rozete

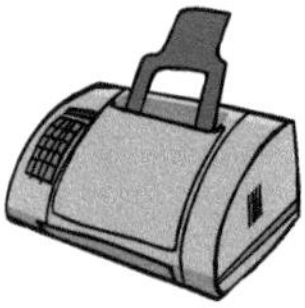

faksimasin

faksa aparāts

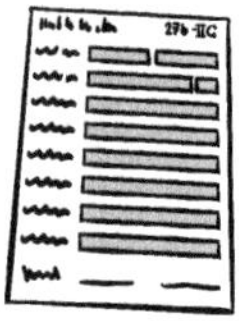

vorm

formulārs

dokument

dokuments

majandus
ekonomika

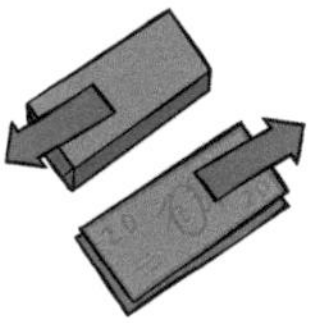

ostma
....
pirkt

maksma
....
samaksāt

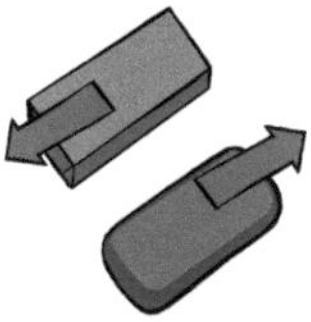

vahetama
....
tirgot

raha
....
nauda

USD

dollar
....
dolārs

EUR

euro
....
eiro

JPY

jeen
....
jēna

RUB

rubla
....
rublis

CHF

Šveitsi frank
....
franks

CNY

renminbi jüaan
....
juaņa renminbi

INR

ruupia
....
rūpija

ATM

sularahaautomaat
....
bankomāts

valuutavahetuspunkt

valūtas maiņas punkts

kuld

zelts

hõbe

sudrabs

nafta

nafta

energia

enerģija

36€

hind

cena

leping

līgums

maks

nodoklis

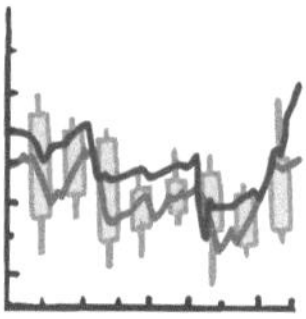

aktsia

akcija

töötama

strādāt

töötaja

darbinieks

tööandja

darba devējs

tehas

fabrika

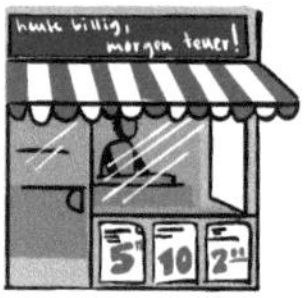

kauplus

veikals

ametid
profesijas

politseinik
policists
tuletõrjuja
ugunsdzēsējs
kokk
pavārs
arst
ārsts
piloot
pilots

aednik

dārznieks

puusepp

galdnieks

õmbleja

šuvēja

kohtunik

tiesnesis

keemik

ķīmiķis

näitleja

aktieris

bussijuht

autobusa vadītājs

taksojuht

taksometra vadītājs

kalamees

zvejnieks

koristaja

apkopēja

katusepaigaldaja

jumiķis

kelner

viesmīlis

jahimees

mednieks

maaler

gleznotājs

pagar

maiznieks

elektrik

elektriķis

ehitaja

celtnieks

insener

inženieris

lihunik

miesnieks

torumees

skārdnieks

postiljon

pastnieks

sõdur

karavīrs

arhitekt

arhitekts

kassapidaja

kasieris

lillemüüja

florists

juuksur

frizieris

piletikontrolör

konduktors

mehaanik

mehāniķis

kapten

kapteinis

hambaarst

zobārsts

teadlane

zinātnieks

rabi

rabīns

imaam

imāms

munk

mūks

preester

mācītājs

tööriistad
instrumenti

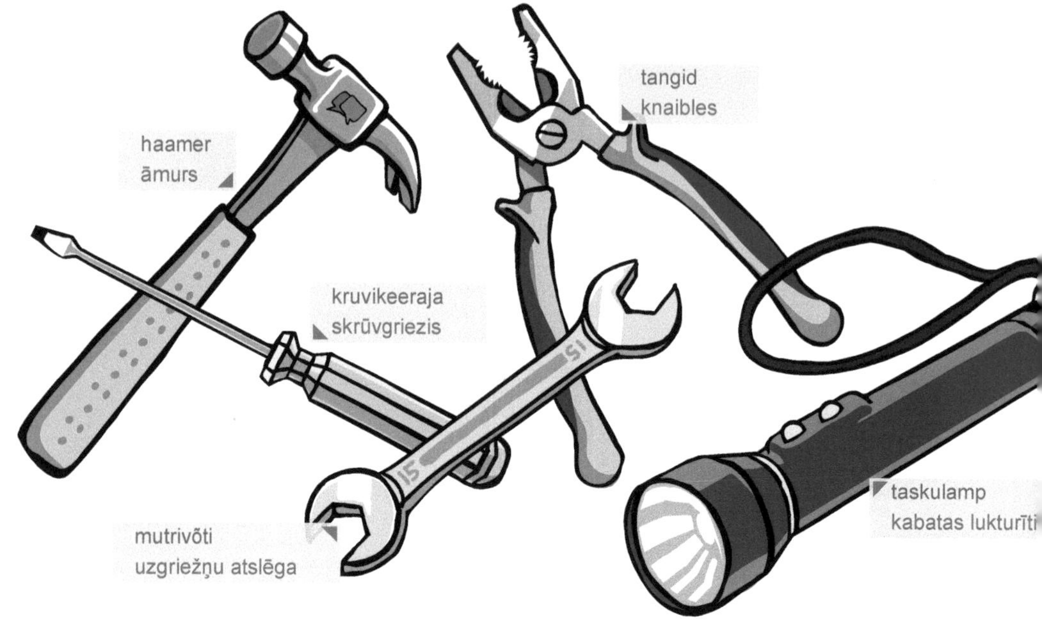
haamer
āmurs
tangid
knaibles
kruvikeeraja
skrūvgriezis
mutrivõti
uzgriežņu atslēga
taskulamp
kabatas lukturīti

ekskavaator
ekskavators

tööriistakast
instrumentu kaste

redel
kāpnes

saag
zāģis

naelad
naglas

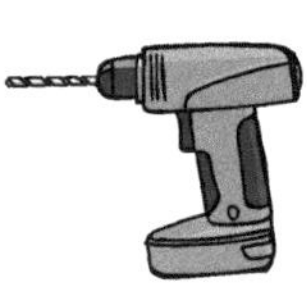
trell
urbis

parandama

remontēt

labidas

lāpsta

Põrgusse!

Velns!

kühvel

liekšķere

värvipott

krāsas bundža

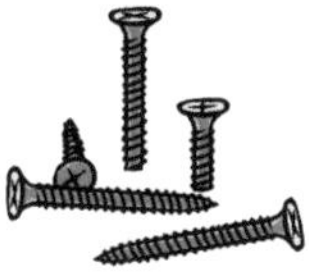

kruvid

skrūves

pillid
mūzikas instrumenti

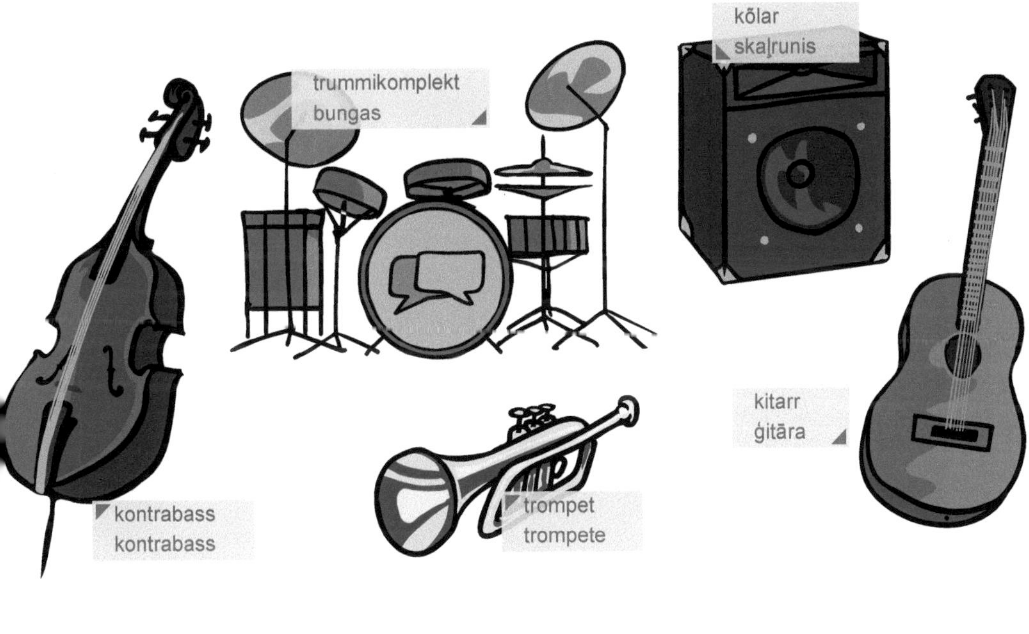
kõlar
skaļrunis
trummikomplekt
bungas
kitarr
ģitāra
kontrabass
kontrabass
trompet
trompete

klaver

klavieres

viiul

vijole

bass

bass

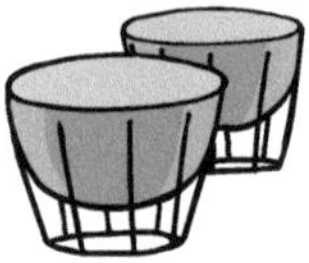

timpan

timpāni

trummid

bungas

süntesaator

digitālās klavieres

saksofon

saksofons

flööt

flauta

mikrofon

mikrofons

loomaaed
zooloģiskais dārzs

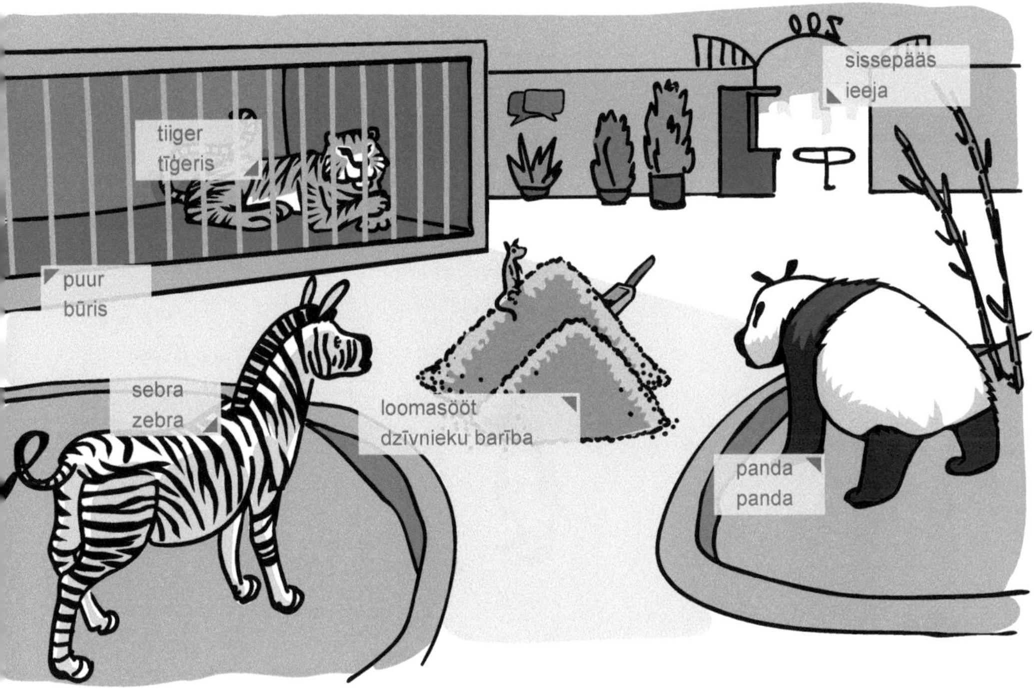

sissepääs
ieeja
tiiger
tīģeris
puur
būris
sebra
zebra
loomasööt
dzīvnieku barība
panda
panda

loomad
....
dzīvnieki

elevant
....
zilonis

känguru
....
ķengurs

ninasarvik
....
degunradzis

gorilla
....
gorilla

karu
....
lācis

kaamel

kamielis

jaanalind

strauss

lõvi

lauva

ahv

pērtiķis

flamingo

flamings

papagoi

papagailis

jääkaru

polārlācis

pingviin

pingvīns

hai

haizivs

paabulind

pāvs

madu

čūska

krokodill

krokodils

loomaaiatalitaja

zoodārza sargs

hüljes

ronis

jaaguar

jaguārs

poni

ponijs

leopard

leopards

jõehobu

nīlzirgs

kaelkirjak

žirafe

kotkas

ērglis

metssiga

meža cūka

kala

zivs

kilpkonn

bruņurupucis

morsk

valzirgs

rebane

lapsa

gasell

gazclo

sport
sports

Ameerika jalgpall
amerikāņu futbols
jalgrattasõit
riteņbraukšana
tennis
teniss
korvpall
basketbols
ujumine
peldēšana
jäähoki
hokejs
poksimine
bokss

jalgpall
futbols

sulgpall
badmintons

kergejõustik
vieglatlētika

käsipall
rokas bumba

suusatamine
slēpošana

polo
polo

tegevused
darbības

hüppama
lēkt
kallistama
apskaut
naerma
smieties
jalutama
iet
laulma
dziedāt
unistama
sapņot
palvetama
lūgt
suudlema
skūpstīt

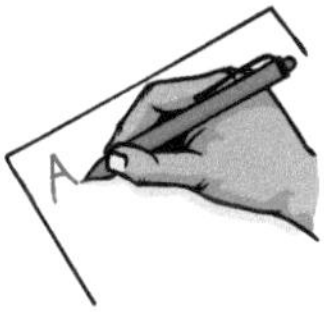

kirjutama
rakstīt

joonistama
zīmēt

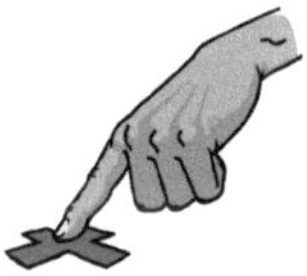

näitama
rādīt

lükkama
spiest

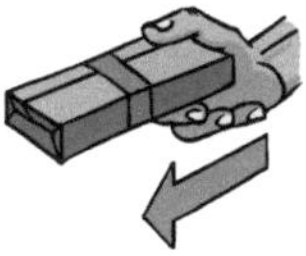

andma
dot

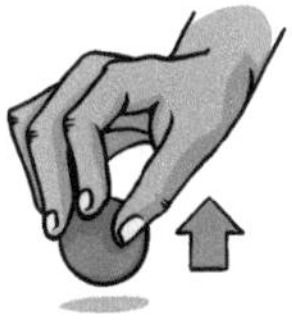

võtma
ņemt

omama

būt

tegema

darīt

olema

būt

seisma

stāvēt

jooksma

skriet

tõmbama

vilkt

viskama

mest

kukkuma

krist

lamama

gulēt

ootama

gaidīt

kandma

nest

istuma

sēdēt

riidesse panema

uzģērbt

magama

gulēt

ärkama

pamosties

vaatama

skatīties

nutma

raudāt

paitama

glāstīt

kammima

ķemmēt

rääkima

runāt

aru saama

saprast

?

küsima

jautāt

kuulama

dzirdēt

jooma

dzert

sööma

ēst

korrastama

sakārtot

armastama

mīlēt

süüa tegema

vārīt

sõitma

braukt

lendama

lidot

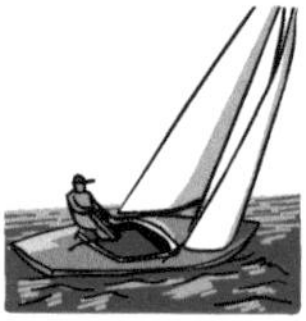

purjetama

burot

42

arvutama

rēķināt

lugema

lasīt

õppima

mācīties

töötama

strādāt

abielluma

precēties

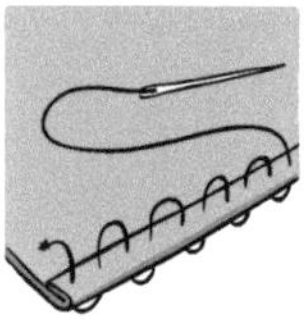

õmblema

šūt

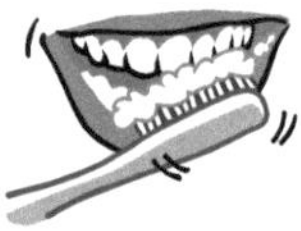

hambaid pesema

tīrīt zobus

tapma

nogalināt

suitsetama

smēķēt

saatma

sūtīt

perekond
ģimene

vanaema
vecāmāte
vanaisa
vectēvs
isa
tēvs
ema
māte
imik
mazulis
tütar
meita
poeg
dēls

külaline

viesis

tädi

tante

onu

onkulis

vend

brālis

õde

māsa

keha
ķermenis

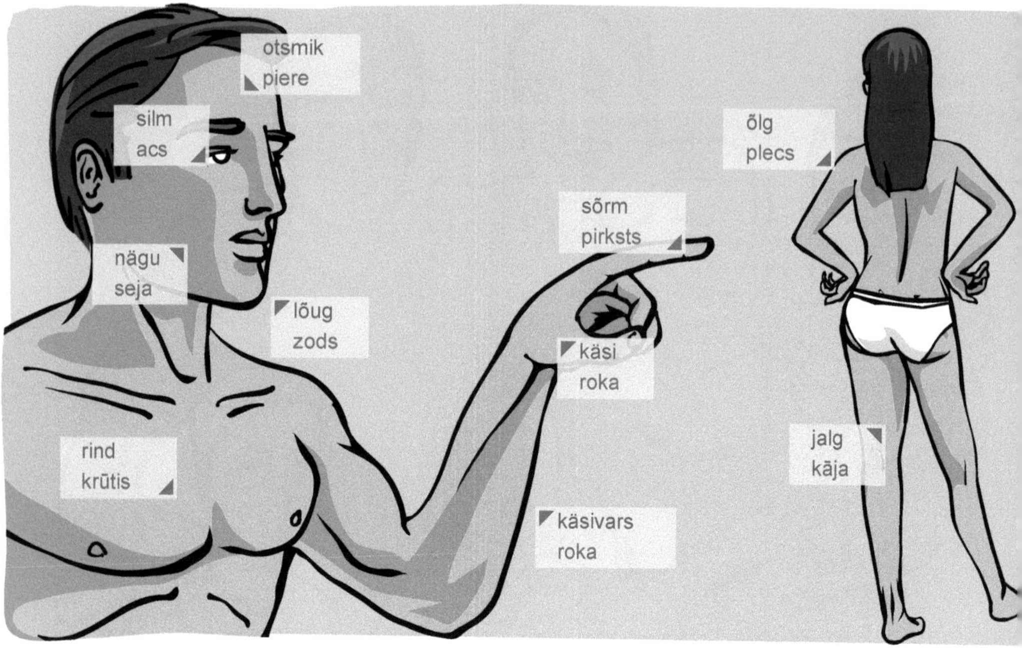

otsmik
piere
silm
acs
nägu
seja
lõug
zods
sõrm
pirksts
käsi
roka
rind
krūtis
käsivars
roka
õlg
plecs
jalg
kāja

imik

mazulis

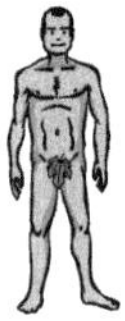

mees

vīrietis

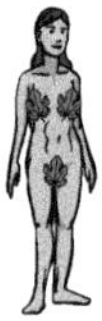

naine

sieviete

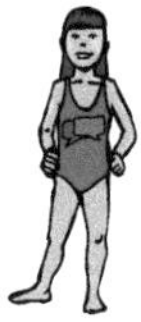

tüdruk

meitene

poiss

zēns

pea

galva

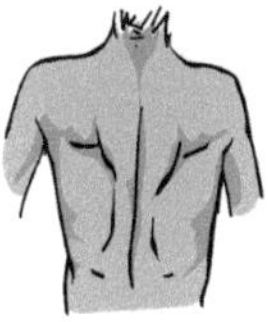

selg

mugura

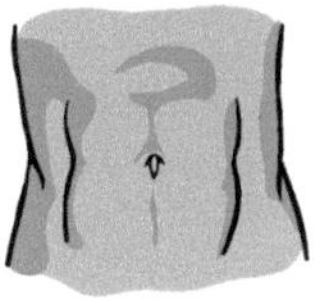

kõht

vēders

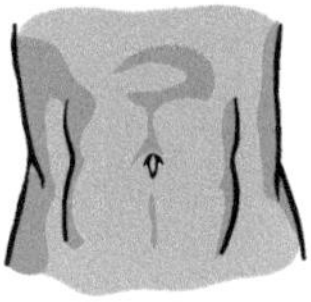

naba

naba

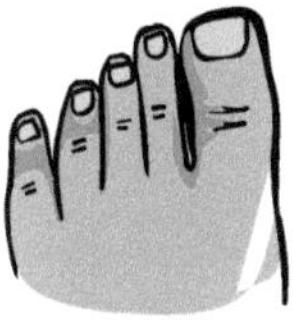

varvas

kājas pirksts

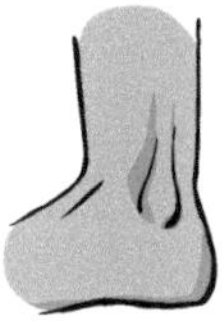

kand

papēdis

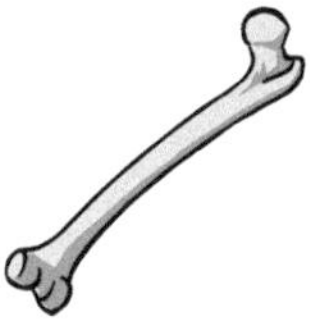

luu

kauls

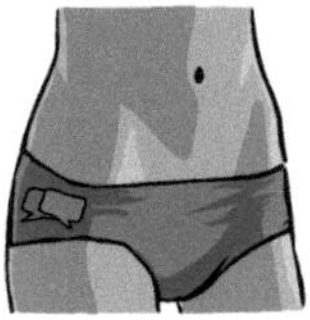

puus

gurns

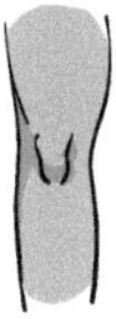

põlv

celis

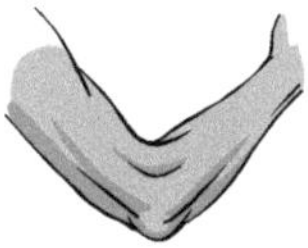

küünarnukk

elkonis

nina

deguns

tagumik

dibens

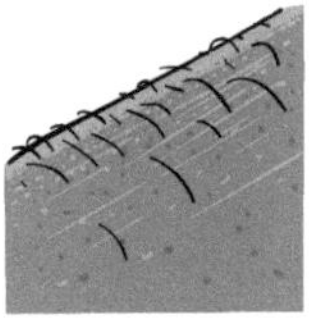

nahk

āda

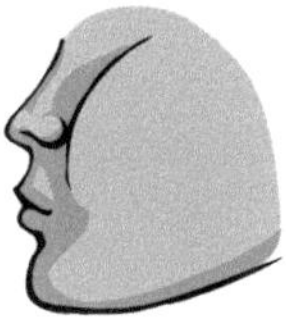

põsk

vaigs

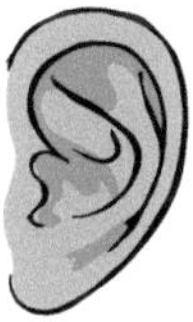

kõrv

auss

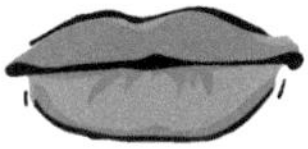

huuled

lūpa

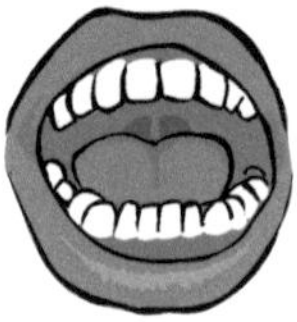

suu

mute

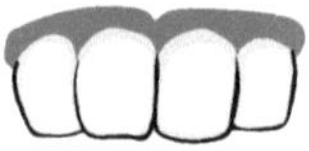

hammas

zobs

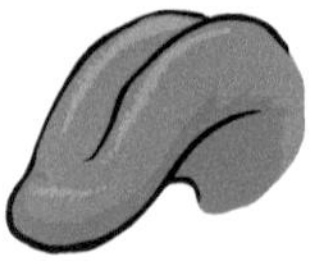

keel

mēle

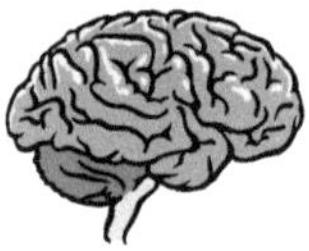

aju

smadzenes

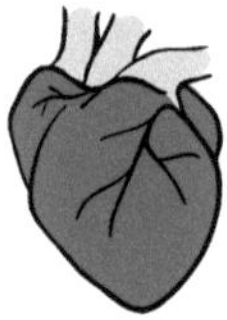

süda

sirds

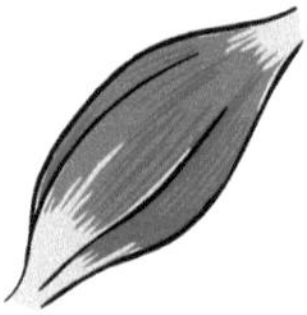

lihas

muskulis

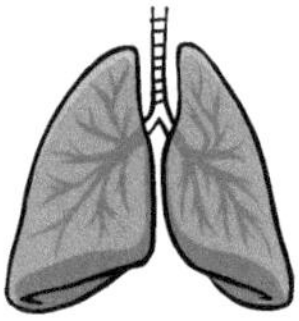

kops

plaušas

maks

aknas

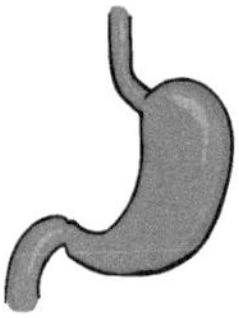

magu

kuņģis

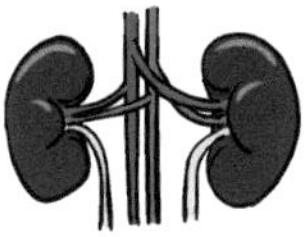

neerud

nieres

seksuaalvahekord

dzimumakts

kondoom

kondoms

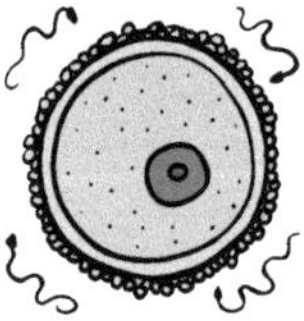

munarakk

olšūna

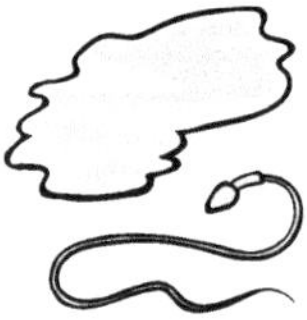

sperma

sperma

rasedus

grūtniecība

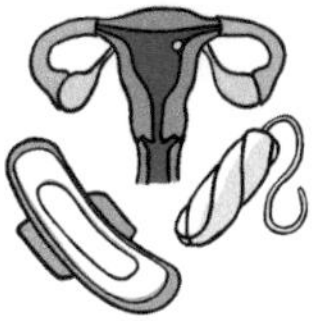

menstruatsioon

menstruācijas

vagiina

vagīna

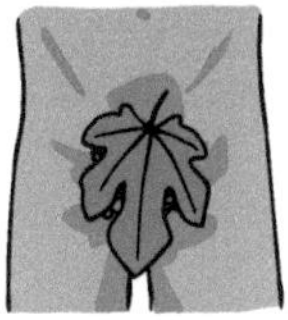

peenis

penis

kulm

uzacs

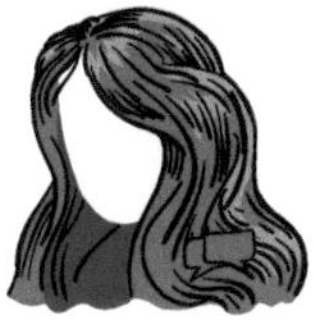

juuksed

mati

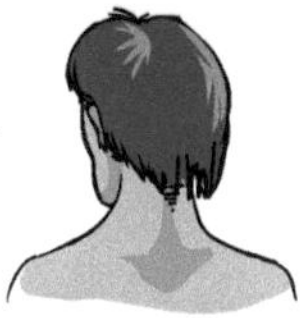

kael

kakls

haigla
slimnīca

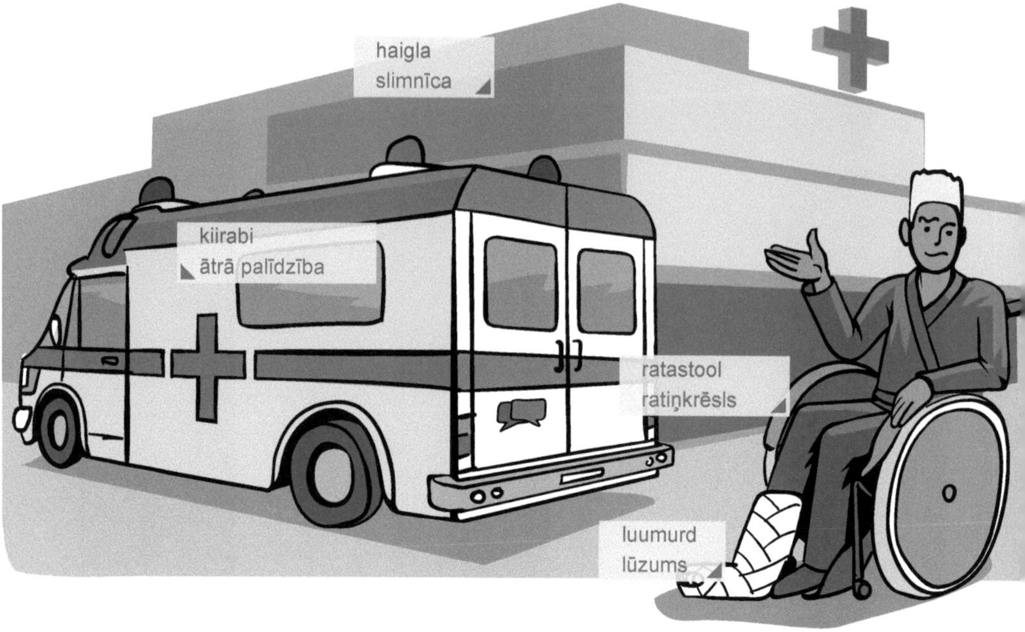
haigla
slimnīca
kiirabi
ātrā palīdzība
ratastool
ratiņkrēsls
luumurd
lūzums

arst

ārsts

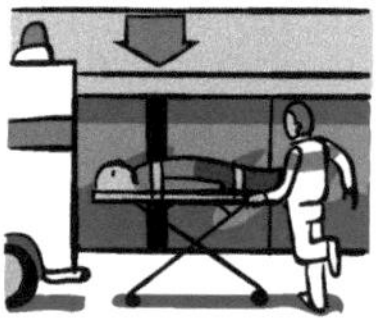

traumapunkt

neatliekamās palīdzības nodaļa

meditsiiniõde

medmāsa

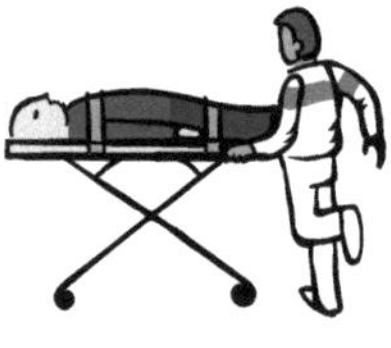

hädaolukord

ārkārtas gadījums

teadvuseta

paģībis

valu

sāpes

vigastus

ievainojums

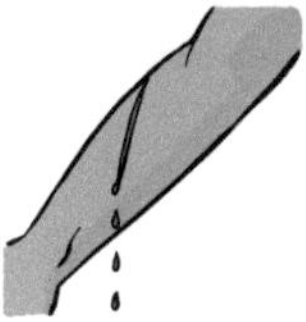

verejooks

asiņošana

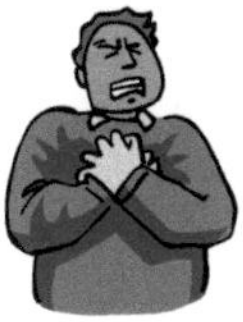

südamerabandus

sirdslēkme

insult

insults

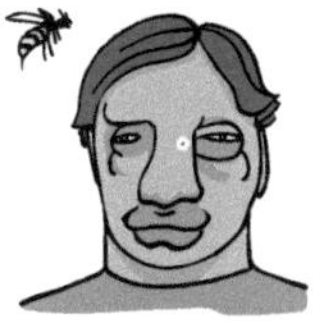

allergia

alerģija

köha

klepus

palavik

temperatūra

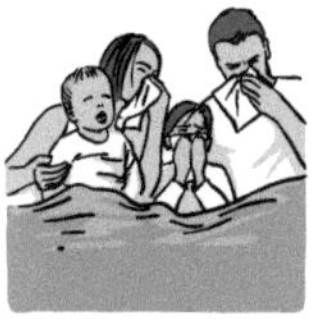

gripp

gripa

kõhulahtisus

caureja

peavalu

galvassāpes

vähk

vēzis

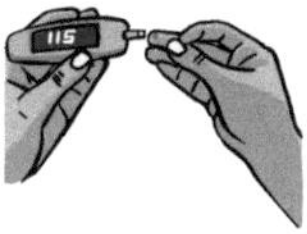

diabeet

diabēts

kirurg

ķirurgs

skalpell

skalpelis

operatsioon

operācija

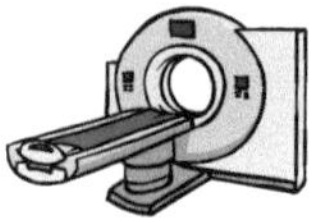

KT

datortomogrāfija

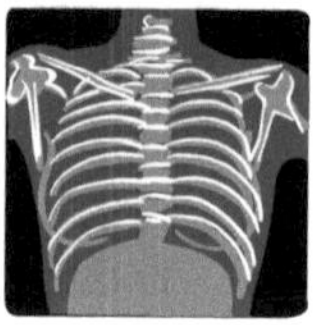

röntgen

rentgents

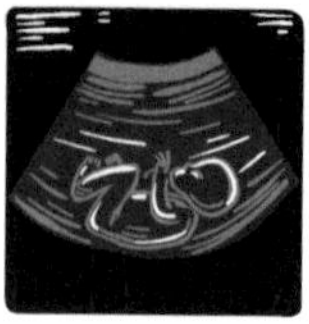

ultraheli

ultraskaņa

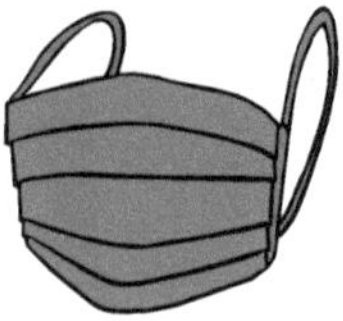

mask

sejas maska

haigus

slimība

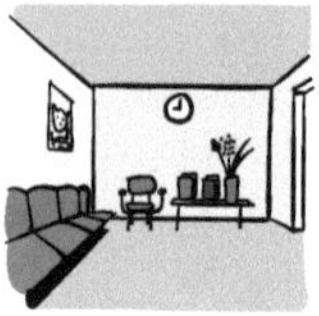

ooteruum

uzgaidāmā telpa

kark

kruķis

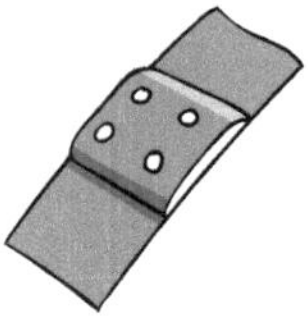

kips

plāksteris

side

apsējs

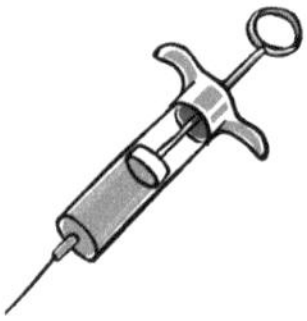

süst

injekcija

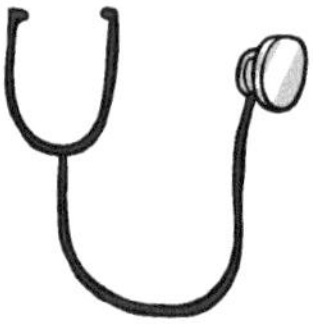

stetoskoop

stetoskops

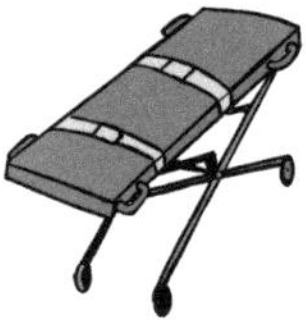

kanderaam

nestuves

kraadiklaas

termometrs

sünd

dzemdības

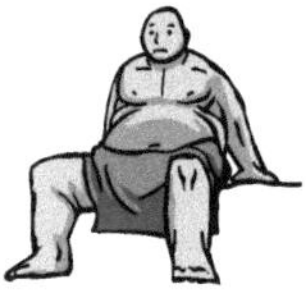

ülekaaluline

liekais svars

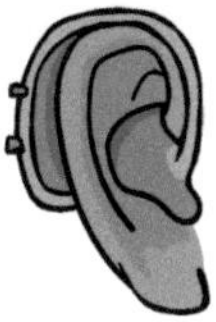

kuuldeaparaat

dzirdes aparāts

desinfektsioonivahend

dezinfekcijas līdzeklis

põletik

infekcija

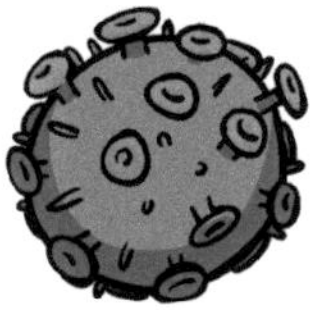

viirus

vīruss

HIV / AIDS

HIV / AIDS

meditsiin

zāles

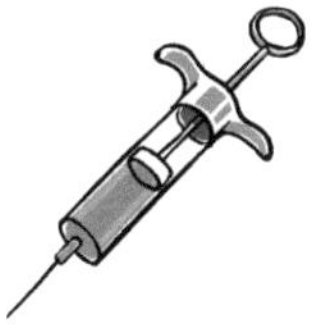

vaktsineerimine

pote

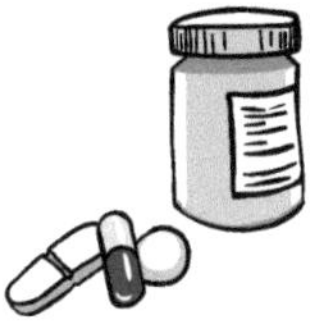

tabletid

tabletes

pill

pretapaugļošanās tablete

hädaabikõne

ārkārtas izsaukums

120
80

vererõhuaparaat

asinsspiediena mērītājs

haige / terve

slims / vesels

hädaolukord
ārkārtas gadījums

Appi!

Palīgā!

häire

trauksme

kallaletung

uzbrukums

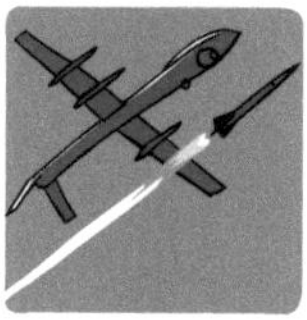

rünnak

uzbrukums

oht

bīstamība

avariiväljapääs

avārijas izeja

Tulekahju!

Uguns!

tulekustuti

ugunsdzēšamais aparāts

õnnetus

negadījums

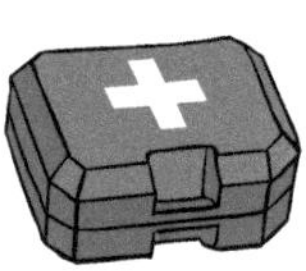

esmaabikomplekt

pirmās palīdzības aptieciņa

SOS

SOS

SOS

politsei

policija

Maa
zeme

Euroopa

Eiropa

Põhja-Ameerika

Ziemeļamerika

Lõuna-Ameerika

Dienvidamerika

Aafrika

Āfrika

Aasia

Āzija

Austraalia

Austrālija

Atlandi ookean

Atlantijas okeāns

Vaikne ookean

Klusais okeāns

India ookean

Indijas okeāns

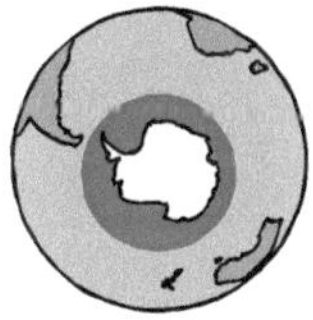

Lõuna-Jäämeri

Dienvidu okeāns

Põhja-Jäämeri

Ziemeļu ledus okeāns

põhjapoolus

Ziemeļpols

lõunapoolus

Dienvidpols

Antarktika

Antarktika

Maa

zeme

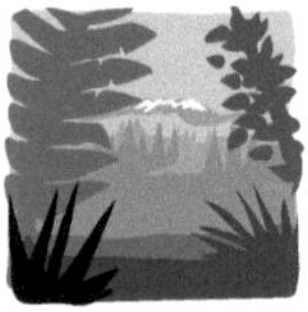

maismaa

zeme

meri

jūra

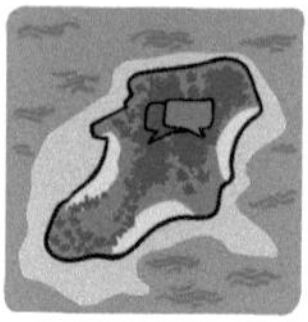

saar

sala

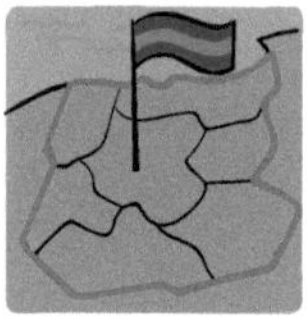

rahvus

nācija

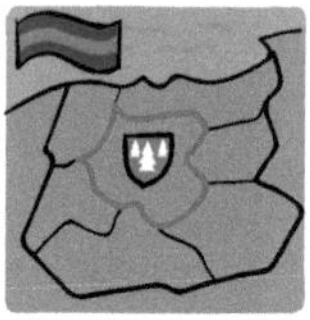

riik

valsts

kell
pulkstenis

sihverplaat

ciparnīca

tunniosuti

stundu rādītājs

minutiosuti

minūšu rādītājs

sekundiosuti

sekunžu rādītājs

Mis kell on?

Cik ir pulkstenis?

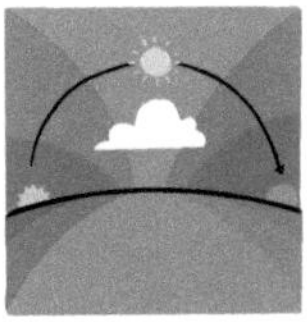

päev

diena

aeg

laiks

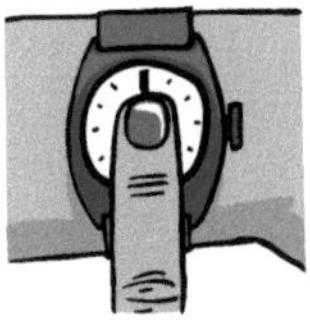

praegu

tagad

digitaalne kell

digitālais pulkstenis

minut

minūte

tund

stunda

nädal

nedēļa

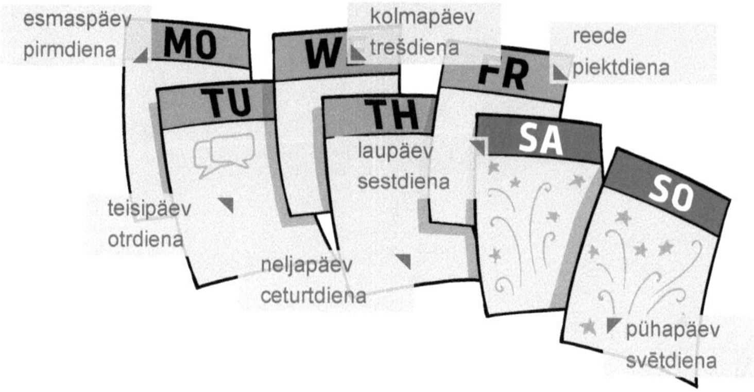
esmaspäev
pirmdiena
MO
TU
teisipäev
otrdiena
W
kolmapäev
trešdiena
TH
neljapäev
ceturtdiena
FR
reede
piektdiena
SA
laupäev
sestdiena
SO
pühapäev
svētdiena

TUE
MON
1

eile

vakardien

TUE
2

täna

šodien

TUE

homme

rītdien

hommik

rīts

lõuna

pusdienlaiks

õhtu

vakars

MO TU WE TH FR SA SU

tööpäevad

darbadienas

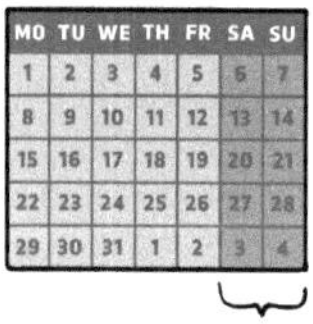
MO TU WE TH FR SA SU

nädalavahetus

brīvdienas

aasta
gads

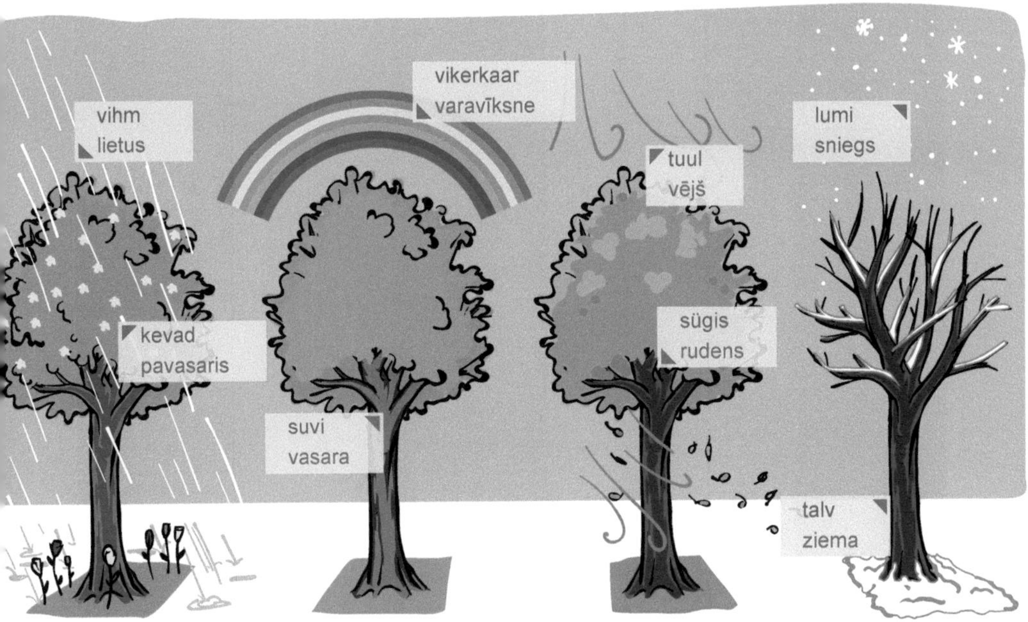
vihm
lietus
vikerkaar
varavīksne
tuul
vējš
lumi
sniegs
kevad
pavasaris
suvi
vasara
sügis
rudens
talv
ziema

4.APRIL 11°
5.APRIL 4°
6.APRIL 13°
7.APRIL 8°
8.APRIL 10°

ilmaennustus

laika prognoze

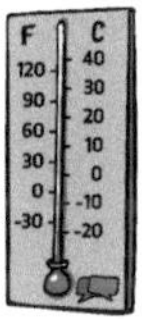
F C
120 40
90 30
60 20
30 10
0 0
-30 -10
-20

termomeeter

termometrs

päikesepaiste

saules gaisma

pilv

mākonis

udu

migla

niiskus

gaisa mitrums

pikne

zibens

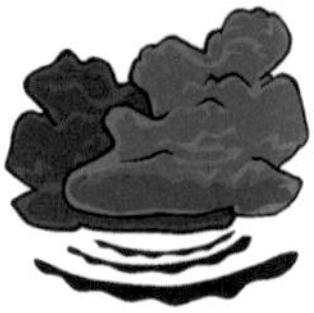

kõu

pērkons

torm

vētra

rahe

krusa

mussoon

musons

üleujutus

plūdi

jää

ledus

jaanuar

janvāris

veebruar

februāris

märts

marts

aprill

aprīlis

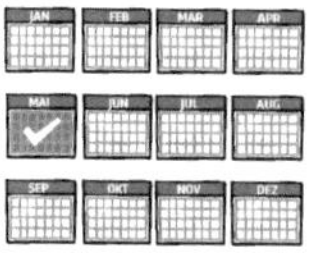

mai

maijs

juuni

jūnijs

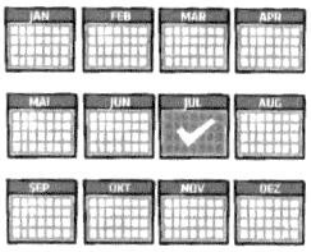

juuli

jūlijs

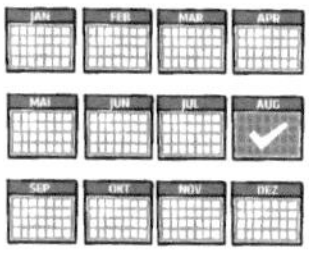

august

augusts

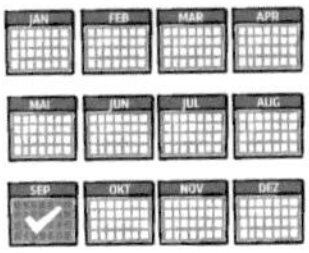
JAN FEB MAR APR
MAI JUN JUL AUG
SEP OKT NOV DEZ

september
septembris

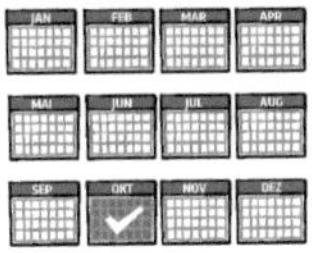
JAN FEB MAR APR
MAI JUN JUL AUG
SEP OKT NOV DEZ

oktoober
oktobris

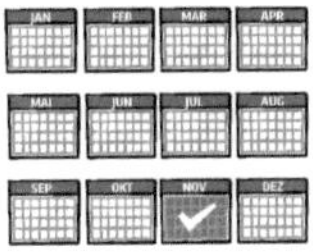
JAN FEB MAR APR
MAI JUN JUL AUG
SEP OKT NOV DEZ

november
novembris

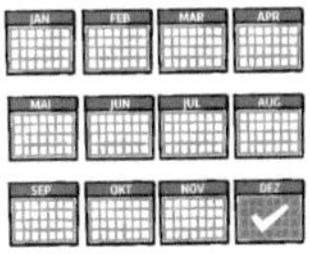
JAN FEB MAR APR
MAI JUN JUL AUG
SEP OKT NOV DEZ

detsember
decembris

kujundid
formas

ring
aplis

ruut
kvadrāts

nelinurk
četrstūris

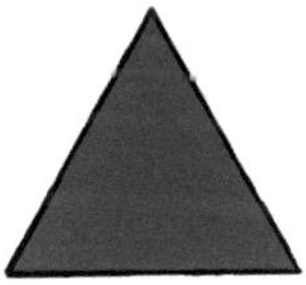

kolmnurk
trīsstūris

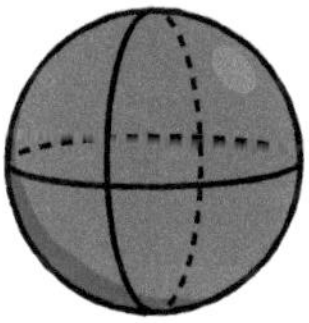

kera
lode

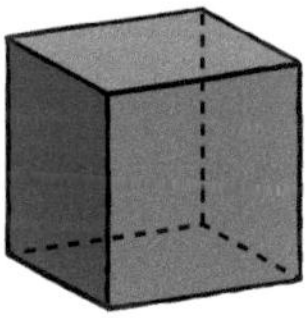

kuup
kubs

värvid
krāsas

valge

balts

kollane

dzeltens

oranž

oranžs

roosa

sārts

punane

sarkans

lilla

lillā

sinine

zils

roheline

zaļš

pruun

brūns

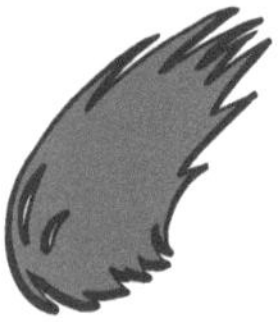

hall

pelēks

must

melns

vastandid
pretstati

palju / vähe

daudz / maz

vihane / rahulik

saniknots / miermīlīgs

ilus / inetu

skaists / neglīts

algus / lõpp

sākums / beigas

suur / väike

liels / mazs

hele / tume

gaišs / tumšs

vend / õde

brālis / māsa

puhas / must

tīrs / netīrs

täielik / puudulik

pilnīgs / nepilnīgs

päev / öö

diena / nakts

surnud / elus

miris / dzīvs

lai / kitsas

plats / šaurs

söödav / mittesöödav

baudāms / nebaudāms

kuri / sõbralik

nikns / laipns

põnevil / tüdinud

satraukts / garlaikots

paks / peenike

resns / tievs

MO
TU
WE
TH
FR
SA
SO

esimene / viimane

pirmais /pēdējais

sõber / vaenlane

draugs / ienaidnieks

täis / tühi

pilns / tukšs

kõva / pehme

ciets / mīksts

raske / kerge

smags / viegls

nälg / janu

izsalkums / slāpes

haige / terve

slims / vesels

ebaseaduslik / seaduslik

nelegāls / legāls

tark / rumal

inteliģents / dumjš

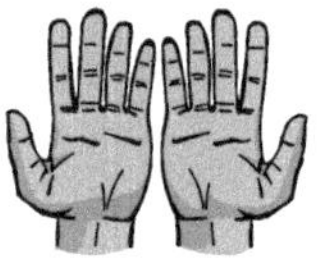

vasak / parem

kreisais / labais

lähedal / kaugel

tuvu / tālu

uus / kasutatud

jauns / lietots

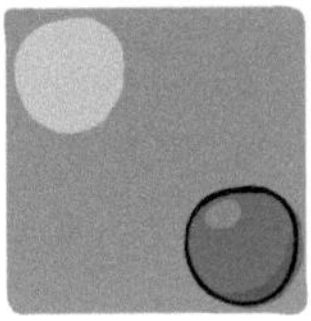

mitte midagi / midagi

nekas / kaut kas

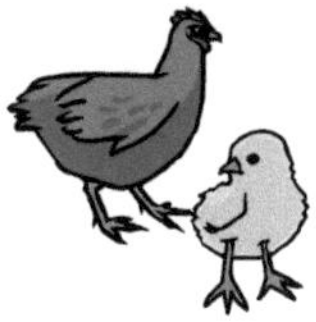

vana / noor

vecs / jauns

sees / väljas

ieslēgts / izslēgts

lahti / kinni

atvērts / slēgts

vaikne / vali

kluss / skaļš

rikas / vaene

bagāts / nabags

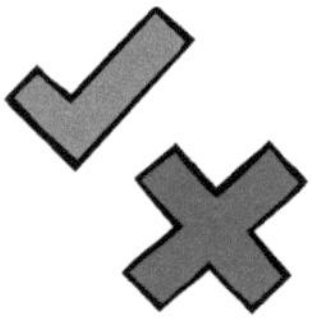

õige / vale

pareizi / nepareizi

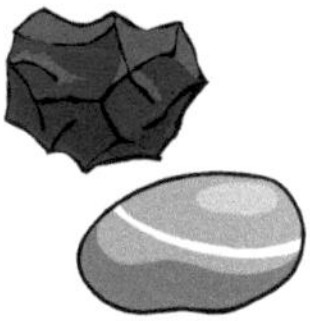

kare / sile

raupjš / gluds

kurb / rõõmus

noskumis / laimīgs

lühike / pikk

īss / garš

aeglane / kiire

lēns / ātrs

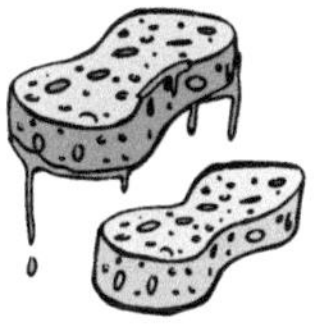

märg / kuiv

slapjš / sauss

soe / jahe

silts / vēss

sõda / rahu

karš / miers

numbrid
skaitļi

0	**1**	**2**
null	üks	kaks
nulle	viens	divi
3	**4**	**5**
kolm	neli	viis
trīs	četri	pieci
6	**7**	**8**
kuus	seitse	kaheksa
seši	septiņi	astoņi
9	**10**	**11**
üheksa	kümme	üksteist
deviņi	desmit	vienpadsmit

12	**13**	**14**
kaksteist divpadsmit	kolmteist trīspadsmit	neliteist četrpadsmit
15	**16**	**17**
viisteist piecpadsmit	kuusteist sešpadsmit	seitseteist septiņpadsmit
18	**19**	**20**
kaheksateist astoņpadsmit	üheksateist deviņpadsmit	kakskümmend divdesmit
100	**1.000**	**1.000.000**
sada simts	tuhat tūkstotis	miljon miljons

keeled
Valodas

inglise

angļu

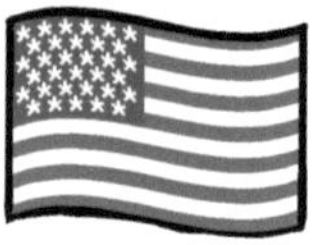

Ameerika inglise

amerikāņu angļu

mandariini

ķīniešu mandarīnu valoda

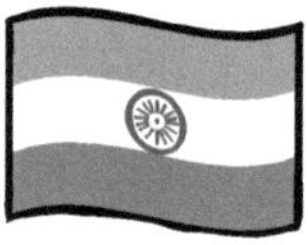

hindi

hindi

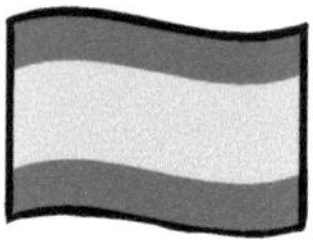

hispaania

spāņu

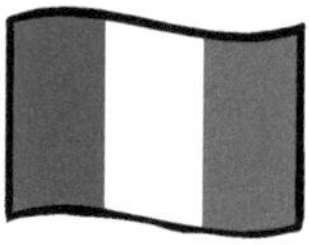

prantsuse

franču

araabia

arābu

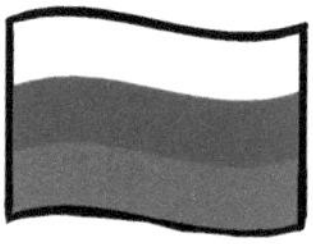

vene

krievu

portugali

portugāļu

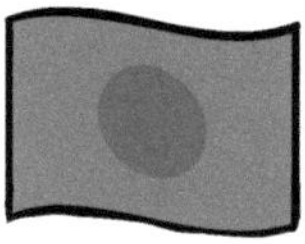

bengali

bengāļu

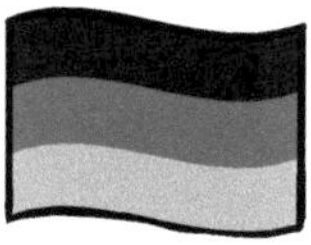

saksa

vācu

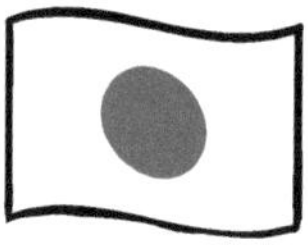

jaapani

japāņu

kes / mis / kuidas
kas / ko / kā

mina

es

sina

tu

tema

viņš / viņa

meie

mēs

teie

jūs

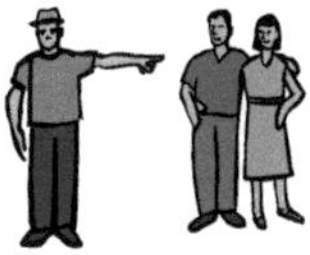

nemad

viņi / viņas

kes?

kas?

mis?

ko?

kuidas?

kā?

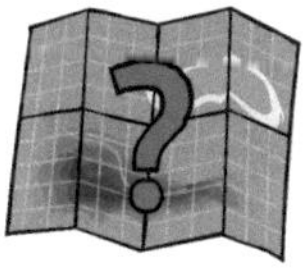

kus?

kur?

millal?

kad?

HELLO, I AM

nimi

vārds

kus

kur

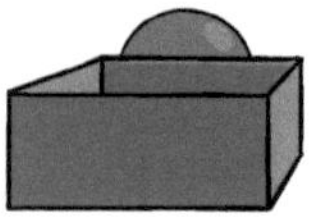

taga

aiz

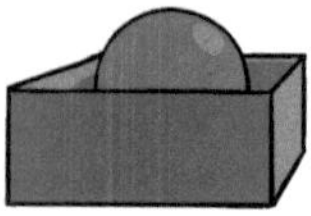

sees

iekšā

ees

priekšā

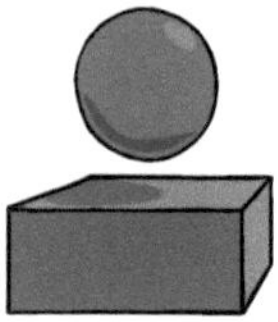

kohal

virs

peal

uz

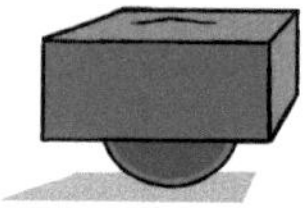

all

zem

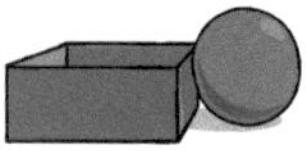

kõrval

blakus

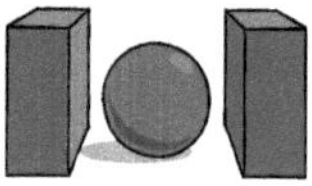

vahel

starp

koht

vieta